僕たちが何者でもなかった頃の話をしよう

山中伸弥　羽生善治
是枝裕和　山極壽一
永田和宏

文春新書

1118

はじめに

永田和宏

　職業柄、若い人たち、とりわけ学生たちと話をする機会が多い。しばらく前までは、嫌になるよね、もう息子の世代だよ、などとこぼしていたのであるが、怖ろしいことに、近ごろはほとんど孫に近い世代との交流ということになる。

　彼らとの感性、感覚のギャップに驚くことになるのは当然のことだが、数年前から強く感じてきたのは、彼ら若い世代から、誰かにあこがれるという話をほとんど聞かないということである。あこがれるという意識の希薄さ、あるいはもっと端的にあこがれの対象を持っていないと言い換えてもいいかもしれない。

　何かにあこがれる、それはその対象を手の届かない彼方において、ただ眺めているということではないだろう。あこがれるとは、どうにかしてその対象に近づきたい、単に物理的に近寄りたいという思いも含めて、もう少し能動的に、できれば自分もそのようになりたい、なってみたいという思いを内包している思いであろう。

小学校時代にいわゆる偉人伝を読むという経験も、最近ではずいぶん少なくなったと聞く。偉人伝を読むという行為は、まさにその〈偉人〉にあこがれるということであるに違いない。できれば自分もそんな風に生きてみたい、そんな人になってみたい、そのためにはどんな努力が必要なのだろう。そんなまだ確定しない可能性を夢見て、ページを繰るという時間があった。


もう少し現実的な例で言えば、いま大学を択《えら》ぶというときに、誰かその大学で講義を受けたいという先生が居ることでその大学を択ぶという受験生は、ほぼ皆無に近いと言ってもいいのではないだろうか。大学の選択には、なにより偏差値がモノを言い、自分の偏差値ならこの程度の大学ということで択ばれているというのが、多くの場合の実情なのだろう。

私は物理の落ちこぼれであるが、大学を択《えら》ぶ際の思い込みだけはいまでも鮮明に思いだすことができる。それは湯川秀樹先生へのあこがれであった。京都大学には湯川先生が居られる。湯川先生のほんとうの仕事、業績をどこまで知っていたか、理解していたかと問われれば答えに窮するが、その講義をぜひ受けてみたい。できれば湯川先生のような学者になりたい。そんな向こう見ずな思い込みだけは、はっきり覚えている。当時の京都大学理学部に入学した学生の、かなりの部分に共通した思いであったはずである。

湯川先生の退官ぎりぎりのところで間に合って、一年間、基礎物理学研究所（通称、湯川記念館）の一室で「物理学通論」の最後の講義を受けることができたのは、私にとっていまでも財産だと思っている。内容はほぼすべて忘れたし、それが何かの役にたったということもついになかったが、それはそれでいい。湯川先生のナマの講義を確かに一年間受けていたというその事実、記憶は、どこかで自分の自信として残っていると感じられる、それこそが自分にとっては大切で、財産なのだと思っている。

講義の途中のちょっとした仕種が断片的に思い出されることもあるし、卒業アルバムを作るために湯川先生の短歌を色紙に書いてもらいに行ったなどということも、人間湯川を身近に感じられる出来事だった。そんな機会がなければ、湯川秀樹という存在は、ある種の天才としてしか私のなかに位置を占めることはなかっただろう。その存在に自分が近づけたという実感はついになかったが、私がどこか深いところで自信につながっていると言ったのは、その存在を自分たちと同じ地平で感じられたということが大きかったに違いない。

現代の若い世代に話を戻すと、現代の若者にとっても偉い人はもちろん多くいるはずなのだ。だが、彼らにとってそのような存在は、どうやら自分たちとは縁のない世界の人としてしか受け止められていないようなのである。偉いけれども、自分たちとは違う別世界の住人、どんなに頑張っても自分たちが届くはずのない人、そんなイメージで、彼らが若者のあこがれになることさえない。いくつかの大学で若い学生たちに接してきて、とくに強くそのような感想を持つ。

そんな偉い人たちは、自分たちとは別の世界の住人なのであって、とても努力などで追いつける存在ではないといった思い込みが強いのである。それは諦めというものでさえないように見える。頑張ってみて、やはり駄目だったとあきらめるのではなく、最初からそこへ近づこうなどということすら思いつかない。自分はとてもそんなものじゃございませんと最初から思いこんでいる、そんな寂しい思いを抱かせられることが多い。

本書に収められた四人の方々による講演とそのあとの対談は、京都産業大学の創立五〇年を記念して行われた「マイ・チャレンジ」という企画の記録である。何か記念事業をとの大学からの依頼で、私が企画した。これまで述べてきたような若者たち、学生たちのネガティブな心性になんとか風穴を開けたいという、ちょっとドン・キホーテ的な思いが強くあった。

お招きしたのは、私がよく知っていて、しかも尊敬している方々ばかりであるが、この講演と対談で感じてほしいものは、決して彼らがいかに偉大であるかということではない。端的に言って、あんな偉い人でも、なんだ自分と同じじゃないかということを感じとってほしいというのが、この企画の意図であり、狙いである。

彼らを天才と奉《たてまつ》ってしまっては、それにあこがれたり、近づきたいという思いはたちまち萎《しぼ》んでしまう。なんだ、あんなに偉い人でも自分と同じ失敗や挫折を経験してきたのかと、また将来への不安や焦りも同じようにあったのかと、その場で驚き、感じとってほしい。それはそのまま、自分の将来にひとつの可能性を開くことになるはずである。ひょっとしたら自分だってと思えるということは、それに向かって努力してみようかと思うことでもあろう。初めから圏外のものとして除外するのではなく、ひょっとしたらと思えることだけでも、その若さに可能性を付与することになるはずである。

この講演・対談シリーズのタイトルは、「マイ・チャレンジ　一歩踏み出せば、何かが始まる！」というものであった。彼らも自分たちと同じ若いころは、自分とあまり変わらなかったのだと実感したら、次にはとりあえず「一歩を踏み出す」ことなのである。最初から不可能だと思ってしまわないで、「ひょっとしたら」と思えることは、一歩を踏み出すモチベーションにも、勇気にもつながるはずである。とにかく一歩を踏み出さない事には、すべてのことは何も始まらない。

ほんとうは講演会の場にきていただいて、ナマの声や所作・動作を身近に感じて欲しいのであるが、すべての人にそのようなことはできない。本書から、その雰囲気を感じとっていただき、彼らを身近な存在として感じていただければ幸いである。

僕たちが何者でもなかった頃の話をしよう

目次

写真　松本輝一

第一章 山中伸弥

失敗しても、夢中になれることを追いかけて

Shinya Yamanaka

1962年生まれ。大阪府東大阪市出身。87年神戸大学医学部卒業、国立大阪病院で整形外科の研修医に。93年大阪市立大学大学院医学研究科修了。米グラッドストーン研究所博士研究員、奈良先端科学技術大学院大学遺伝子教育研究センター教授などを経て、2004年から京都大学再生医科学研究所教授。10年4月から京大iPS細胞研究所所長。「成熟細胞が初期化され多能性をもつことの発見」により、12年のノーベル生理学・医学賞をジョン・ガードンと共同受賞した。独のマイエンブルク賞、ロベルト・コッホ賞、カナダのガードナー国際賞、米ラスカー賞、ウルフ賞医学部門など国内外の科学賞を多数受賞している。

工場の町、東大阪市にあった山中製作所（現在は別の会社に）

京都大学ｉＰＳ細胞研究所の山中です。今日は、ｉＰＳ細胞の詳しい話より、どのようにしてｉＰＳ細胞を研究するようになり、今日に至ったかという簡単な歴史のようなものをお話ししたいと思います。

話はずいぶん昔に遡りますが、このモノクロの写真（写真上）は、私の生まれる前の昭和初期のものです。字が小さくて見えないかもしれませんが、「山中製作所」と書いてあります。私の祖父が始めた、大阪の小さな町工場です。祖父は、この山中製作所をけっこう大きくしたのですが、残念ながら四十九歳で亡くなり、第

経営者であり、技術者でもあった山中章三郎氏

二次世界大戦の影響もあって山中製作所は潰れてしまいました。それで父はずいぶん苦労をして製作所を再興したようです。

そして、これ（写真上）が私の父、章三郎です。長男ですけど章三郎という名前で、私と違ってなかなかカッコがよくてハンサムで、この写真を見る限り、特に髪の毛がうらやましいなと思うんですけれども（笑）。父は、パン・マシンというミシンの部品をつくる小さな町工場を東大阪で興して、私が小さいときは、その工場のすぐ横に住んでいた時代が長く、父が一生懸命働いている姿を見ながら大きくなりました。

ラグビーに打ち込んだ三年間

私はあんまり親の言うことを聞かなかったんですが、父親の言うことを素直に聞いたことが二つあります。その一つ目は何かと言いますと、中学に入ったときに、柔道部に入ったことです。中学、高校と毎日柔道の道場に通って、高校のときには二段をとりました。神戸大学の医学部に入学したときも、最初は柔道部に入りました。でも、燃え尽きてしまったのか、それ以上、毎日毎日、柔道のつらい練習を続けていく気力がなくなってしまって……大学二年で柔道部をやめてしまったんです。ずっと打ち込んできたものですから、エネルギーをもて余して非常に苦しかったのを覚えています。ボランティアをやろうかなと思ったり、何をして自分の持っているエネルギーを使ったらいいのかとすごく悩みました。

そんな中、ようやく違う夢を見つけました。それがラグビーです。そんなにレベルは高くないチームでしたが、大学三年からは三年間ラグビーに打ち込みました。あんまりたいした選手じゃなかったので、いくら写真を探しても、カッコいいプレーの場面が出てこなくて、水を飲んでいる写真しか見つからないんですが（笑）。

ところで、次ページの写真を見て下さい。モノクロだとわからないのですが、僕が着て

神戸大学ラグビー部時代、ポジションはロックだった

いるジャージは赤白の縞なんです。そう、日本で赤白のジャージといえば、日本代表のジャージですよね。でも、僕は学生のときから着ているんです。なんでお前なんかが着ているんだと言われてしまいそうですが（笑）。先輩に聞くと、日本代表よりも前にジャージの色を決めたというんですが、本当のところはよくわかりません。いまだに神戸大学ラグビー部の正式のジャージは、この赤白です。

このラグビーに打ち込んだ三年間というのは、怪我との戦いの連続でもありました。もう何回骨折したかわかりません。鼻の骨だけでも二回折りましたし、肋骨も折りましたし、指の骨もいまだに曲がっていますし、そのたびに整形外科に行きました。

もう一つ、ラグビーをやっていて非常につらかったことがあります。毎年、三月からシーズンが始まるのですが、必ず最初の約四カ月は走るたびに脛に激痛が起きるんです。泣きながらしか走れないような状態が、三年間ずっと続きました。整形外科に行ってレントゲン撮ってもらっても何も異常はないと。今ではそれは外傷ではなくて、過度なランニングによるスポーツ傷害だとわかっているのですが、当時はまだちゃんとそうした診断のできる整形外科がなかったのです。こうした経験から、次第にスポーツ選手を治す整形外科に興味を持つようになりました。

工場の事故がもとで父が肝炎に

先ほど、父親に言われて素直に聞いたことが二つあると言いましたが、一つが柔道をやるということ、もう一つが、医者になれ、ということでした。私の父親は町工場の経営者で、私が唯一の跡取りでしたから、本来は跡を継いでほしかったと思うんです。でも、高校生くらいのときに、父は「伸弥は経営者に向いていない。跡は継がなくていいから医者になれ」と言いました。

なぜ父がそう考えたかというと、その頃のある出来事が影響しているのではないかと思います。社長とはいいながら、小さな町工場ですから、父は自分でもヤスリで器具を削ったりしていて、その作業中に小さな金属片が跳ねて、足に当たったんです。見てみると、ズボンに小さな穴が開いていた。でも、血も出ていなかったので、たいしたことないだろうと放っておいたんですね。母が外出中でいなくて父と二人だったので、よく覚えています。ところが、夜になって三十九度ぐらいの熱が出てきて、これはあかんということで、救急病院に行きました。レントゲンを撮ってもらったら、骨の中に小さな金属片が一つ入っていることがわかりました。それが原因で、骨髄炎を起こしてしまったのです。

小さな金属片だから簡単な手術ですぐに取れるということで、翌日手術をしたのですが、三時間たっても四時間たっても父が手術室から出てこない。僕も整形外科医になってからわかりましたが、レントゲンに写っていても、骨の中に入ってしまった小さな破片などはなかなか取れないんです。父の場合も、金属片の埋まっている場所を探している間に大量出血し、輸血をしたのですが、今度はその輸血が原因の肝炎になってしまった。で、そのあと肝炎がどんどん悪くなって、弱っていって……そういうこともあって、父は医学に興味を持ったのではないかと思います。

「ジャマナカ」と呼ばれて

父の助言もあって医学部に進学し、ラグビーを通してスポーツ医学に興味を持ち、医学部を卒業して、自分の希望どおり整形外科医になりました。

しかし、いざ整形外科医になってみると、理想や夢と現実は全く違っていました。治してあげたくても治せない、助けてあげられない患者さんがたくさんいる現実に打ちのめされました。たとえば脊髄損傷。ラグビーや柔道、水泳の飛び込みなどで、一度脊髄損傷になって手足の麻痺が起こってしまうと、残念ながらどんなに優秀な整形外科医でも治してあげることができないのです。

そんな悩みの中、研修医になって二年目に父が亡くなりました。工場での怪我が原因で肝炎になり、最後は肝硬変になってしまって、五十八歳で息をひきとりました。自分が医者という職業に就いていながら、自分の父親さえ助けることができなかった。とてつもない無力感に襲われました。

父の命を奪った肝硬変や脊髄損傷のような、今の医学では治すことができない怪我や病気の患者さんをいつか治せるようになりたい――。そう思って、私はあることを決意しました。臨床医ではなく、研究者の道に方向転換することにしたのです。

大学院に入り、研究者の道を歩み出したのが、ちょうど二十六歳のとき。今から二十五年ぐらい前ですね。こう言うとちょっとカッコよく聞こえるかもしれませんが、研究の道に進んだのには、実はもう一つ理由がありました。外科手術の才能がなかったんです(笑)。二十分で終わるはずの手術に二時間もかかってしまって、指導教官には山中という名前で呼んでもらえず「ジャマナカ、ジャマナカ」と呼ばれていました。

そんなわけで、大阪市立大学の大学院医学研究科に入って、四年間、研究者としての基礎を学びました。そして、アメリカのサンフランシスコにあるグラッドストーン研究所で、さらに修業を三年あまり続けました。アメリカにはたくさん研究機関がありますから、私もいろんなところに応募したのですが、四年ぐらい前までは整形外科医のなりそこないで、たいした業績があるわけじゃありませんから、どこの研究所もなかなかいい返事をくれませんでした。幸い、グラッドストーン研究所に採用してもらえて、家内と、当時三歳と一歳の娘たちを連れて渡米しました。一九九三年、三十歳のときです。

今でこそ、毎月アメリカに行っていますが、それまで私はアメリカに行ったことがありませんでした。ですから、英語のスピーキングやリスニングがほとんどできなくてたいへん苦労しました。いまだに英語では苦労しています。二年ぐらい前、アメリカのホテルで、現地の方とホテルのレストランで待ち合わせをしていて、フロントで“Where is the restaurant?”と、レストランの場所を聞いたんです。そうしたらフロントの人が、レストランの代わりに、レストルーム（トイレ）の場所を教えてくれました。仕方がないので、僕はレストルームに行きましたけれども（笑）。

万能細胞の虜に

英語力もないままの渡米でしたが、この留学は、今の山中伸弥という研究者の基礎を築く上で実に重要なものとなりました。留学中に、非常に大切な細胞に出会ったのです。その細胞とは、ＥＳ細胞——万能細胞と呼ばれることもありますが、正式名称は胚性幹細胞、英語でEmbryonic Stem Cellsです。

ご存じのように、すべての動物の命は、一つの卵子が一つの精子を受精して、受精卵になって始まります。それが二つ、四つ、八つとどんどん分割していって、人間の場合、十カ月後には、全身数十兆個の細胞ができ上がります。心臓や脳などの、ありとあらゆる細胞は、この受精卵から生まれます。

受精後、最初の一週間ぐらいは、受精卵はお母さんの子宮の中でぷかぷかと浮いていて、一週間ぐらいして子宮の壁にもぐりこんで妊娠が成立します。ネズミのお母さんの子宮の中から、このまだ浮いた状態の受精卵を体外に取り出して、実験室で一年、二年にわたって培養したものがES細胞です。embryo（胚）からつくった幹細胞 stem cell の一種ですので、ES細胞と呼ばれます。この細胞の培養に成功したイギリスのマーティン・エヴァンス先生は、二〇〇七年にノーベル賞を受賞されました。

万能といいますと、勉強万能とか、スポーツ万能とか、何でもできるという意味ですね。ではES細胞は何ができるかといいますと、二つのすごい力があります。一つは、ほぼ無限に増殖する力。一個のES細胞から、場所とお金さえあれば一億個でも一兆個でも細胞をつくり出すことができます。もう一つは、脳の神経や心臓の筋肉、肝臓など全身に存在する、ありとあらゆる細胞をつくり出す力です。

私は、今から二十年前にアメリカでこの万能細胞と出会って、それ以来この細胞の虜になりました。整形外科医をやっていたときは、自分は才能ゼロだなとすっかり自信喪失していたのですが、アメリカでの研究は非常に順調にいきました。一九九六年に三十五歳で日本に帰ってきたときは、自信たっぷりで、研究者としてはちょっと才能があるかもしれないな、なんて思っていました。

帰国後陥った鬱状態

　ところが、現実はそんなに甘くありませんでした。日本に帰ってきたら、アメリカでうまく行っていたことが、全く通用しなくなってしまったのです。アメリカでは科学雑誌に論文を送るとすぐに掲載してもらえていたのに、日本からアメリカに送るとけんもほろろに酷評されて送り返されてくる。よく考えると、アメリカにいたときは、私の力ではなくて、私の後ろ盾となってくれていた高名な先生方のおかげで論文が通っていたわけです。そのことに帰国してからやっと気づきました。

　また、帰国の際に、アメリカで自分がつくった、実験用に遺伝子を操作したネズミを三匹連れて帰ったんですが、その三匹が一年後には二百匹に増えてしまった（笑）。アメリカにいるときは、ネズミの世話をしてくれる係の人がちゃんといたんですが、日本に帰ると二百匹のネズミの世話を自分でしなくてはいけない。自分の仕事が研究者なのか、ネズミの世話係かわからなくなるという状況が毎日続き、とうとう半年もしない間に、病気になってしまいました。

　その病気の名前は何かといいますと、ＰＡＤといいます。私が勝手につけた名前で、今のところ医学界で認められていないのでご存じなくて当然なんですが(笑)、PAD、何の略かといいますと、Post America Depression(アメリカ後の憂鬱)。今でこそ、笑い話ですが、当時はかなり危険な状態でした。まず朝起きられなくなりました。もともと朝型なので、アメリカにいるときは六時ごろには起きて、七時か八時ごろには研究所に行っていたんですが、全然起きられない。九時になっても十時になっても家にいる私を見て家内が心配して、こんなにつらいのだったらもうやめたほうがいいと言い始めました。

自分の父親を苦しめた肝硬変や、一生車椅子の生活を強いられる脊髄損傷のような重症の患者さんを将来治すことができるような研究をしたい。そんな壮大なことを思っているのに、現実の自分は毎日ネズミの世話ばかり。こんな自分にそんな大きなことができるはずがない……と完全に自信を失くしてしまい、とうとう研究者をやめて、整形外科医に戻る一歩手前までいきました。

しかし、人生何がどうなるかわかりません。ちょうどそのころ、私の人生で二つの出来事が起こって、このPADを克服することができたのです。

まず一つめは、一九九八年に、アメリカで人間のES細胞が登場したことです。ウィスコンシン大学のジェームス・トムソン先生が、人間の受精卵からES細胞をつくったと

「Science」で発表されて、それを読んだときはすごく興奮しました。ＥＳ細胞を再生医療に使える可能性が一気に高まり、自分の研究が本当に人の役に立つかもしれない、と実感して震えるような思いでした。

パーキンソン病、遺伝性の心臓病、僕の父親の命を奪った肝臓病、糖尿病……どれも重篤な病気ですが、これらの病気には同じ特徴があります。それは、体にある二百種類以上の細胞のうちのたった一種類の細胞の異常が原因であるということです。

例えばパーキンソン病の原因は、頭の脳の奥にある、ドーパミンをつくるたった一種類の神経細胞に起こった異常です。それ以外の全身の細胞はピンピンしている。ならば、その一種類の細胞さえ、外から元気な細胞を補って修復してあげたら、このような難病でも治せるのではないか。では、どうやってその元気な細胞を用意するのか？　ということが問題だったわけですが、そこにどんな細胞にでも変化し、無限に増殖する力を持つ人間のＥＳ細胞が登場したわけです。こうして再生医療という新しい医療の切り札として、ＥＳ細胞が一気に期待されるようになりました。

政治と宗教のトップが反対

しかし、人間のES細胞には、大きな問題が立ちはだかっていました。それは人間のES細胞をつくるには人の受精卵を使う必要があるということでした。

トムソン先生は、不妊治療を行っているクリニックに通い、ご両親の承諾を得て、体外受精のために作製したものの、使われずに凍結されていた受精卵をもらってES細胞をつくりました。でも、この受精卵は子宮に戻せば、十カ月後には赤ちゃんになるはずの存在です。ですから、当時のアメリカ大統領とローマ法王は、ES細胞の使用に強く反対していました。政治と宗教のトップが反対するほどですから、ES細胞研究はなかなか進みませんでした。日本でも、結局、依然としてネズミのES細胞しか使えないという状況がその後も長く続きました。

その翌年、もう一つ、私の人生に予想外の出来事が起こりました。一九九九年、三十七歳のときです。奈良先端科学技術大学院大学が研究室のリーダーとして採用してくれたのです。この二つの出来事で私はPADを克服することができたのですが、すぐにまた大きな課題にぶち当たりました。

奈良先端科学技術大のバイオサイエンス研究科には、春に全国から百二十名の大学院生が入学してきます。そして、二十の研究室のどこかに所属するわけですが、要は学生さんの奪い合いです。業績をあげて人気のある研究室には希望者が殺到するけれども、人気のない研究室は五年くらい誰も希望者がいないという状況でした。それを知った私は非常に焦りました。まだ着任したばかりで、まわりはみな教授なのに一人だけ准教授（当時は助教授）で、一番若く、一番無名の研究者だったからです。こんな弱小研究室にわざわざ来てくれる学生さんがいるとはとても思えませんでした。

でも、急に有名になれないですし、急に莫大な研究費ももらえないですし、これは困ったな……と頭を抱えていたときに、思いついたのが、目標、ビジョンを示すということでした。研究室のビジョンを示すことができたら、それに惹かれて学生さんがやってきてくれるかもしれない。そしてそのときに一生懸命考えたビジョンが、今もずっとやっているｉＰＳ細胞の研究につながっているのです。

ハッタリから生まれたiPS細胞

それは何かといいますと、ＥＳ細胞の持っている課題を克服しようというビジョンでした。倫理的な問題のある受精卵を使わずに、ＥＳ細胞と同じような万能細胞を、患者さんご自身の皮膚の細胞や体の細胞からつくる――こういう大胆な目標でした。

今から十五年前に、新入生を前に研究目標の説明をしたのですが、このときすでに、基礎研究を始めてから十年以上たっていましたから、これを達成するには、二十年、三十年、それ以上かかるかもしれない、いや、永遠にできないかもしれないということは当然よくわかっていました。でも、そういうことは、学生さんには一切言わずに、これが実現したらどんなに素晴らしいかということだけを、三十分間、とうとうと訴えました。そうしたら、三名だまされてやってきてくれたんです（笑）。私には忘れられない最初の大学院生の三名です。

ちょっと作戦が効きすぎたのか、二十名ぐらいが希望してくれたのですが、研究室の定員が三名だったので三人を採用しました。成績順に採用するわけですけれども、その後京大でも一緒に研究することになる高橋和利君は、同志社大学の工学部出身で生物の知識はほとんどなかったため成績はそこそこだったのですが、何が何でも一緒に研究をしたいというすごいエネルギーを感じました。高橋君はなんとか三人目の枠で入ってきてくれました。彼らが来てくれたおかげで、研究のパワーは何十倍にも増力したと思います。

そして彼らのおかげで、二十年、三十年かかるだろうと思っていたことが、六年でやれてしまいました。二〇〇六年にネズミのiPS細胞の樹立に成功したのです。四つの遺伝子をネズミの皮膚の細胞に入れると万能細胞になることがわかり、これをiPS細胞と名付けました。当時流行っていたiPodを真似て「i」を小文字にしてみました（笑）。これで、受精卵を使わなければいけないというES細胞の持っていた倫理的な問題をクリアすることができました。そして、翌二〇〇七年には、人間のiPS細胞の樹立に成功しました。

その後、ノーベル賞も頂き、幸いなことにiPS細胞に注目してもらえるようになりましたが、実際にiPS細胞をつくってくれたのは、こうした若い研究室のメンバーです。彼らがいなかったら、私の研究室では、iPS細胞はできなかったと思います。日本でiPS細胞が生まれたのは彼らのおかげだと思っています。

いまだに不思議な気持ちになる

iPS細胞は最初は皮膚でつくりましたが、今は血液からつくります。僕も昨日、ちょっと具合が悪くて採血したのですが、皆さんも健康診断などで採血されることがあるかと思います。そのときに、試験管一本だけ余分に血液を採っていただくと、皆さんお一人お一人からiPS細胞をつくることができます。

先ほどの四つの遺伝子を、この血液の細胞に送り込みますと、一カ月ぐらいたつと、形も能力も全然違うiPS細胞に変化して、どんどん増え始めます。さらにいろんな刺激を加えますと、拍動する心臓の細胞を大量につくり出すこともできますし、肝臓の細胞や神経細胞もつくり出すことができます。ちょっと前までは血液の細胞だったものが、今は心臓の細胞に変化している――。いまだに、自分でもとても不思議な気持ちになる技術です。この技術を使って、私が研究者を志したときの思いをなんとか実現したい。具体的にいうと、二つの大きな目標があります。

一つは再生医療です。ES細胞のところで説明したような、iPS細胞からつくった元気な細胞を患者さんに補って、病気を治そうという治療です。もう一つは、iPS細胞からつくった人間の細胞を実験室で用いて薬の開発を行うということです。再生医療の実用化と薬の開発。この二つの目標を一日も早く達成するべく、今、一生懸命頑張っています。

二〇一〇年にできた京都大学のiPS細胞研究所では、iPS細胞の医療応用という共通のビジョンのもとに四百名以上の研究者が日夜努力していています。まだまだ道のりは長いですが、一日、一日が勝負だと思ってやっています。

・iPS細胞ができてから、たくさんの難病の患者さんや、そのご家族の方にお会いする機会がありました。みなさん、本当に大変なご苦労をして毎日を過ごされています。私たちにとっての一日、一カ月と、患者さんやご家族にとっての一日、一カ月の意味はまったく違うんだなと痛感させられます。そんなご苦労をされながら、患者さんたちは、私たち研究者の健康を気遣ってくださいます。そういうときは、本当に涙が出てきます。そういう方の思いにこたえられるように、一日、一日を無駄にせずに必死で頑張っていきたいと思っています。

■対談

環境を変える、自分が変わる

山中伸弥×永田和宏

永田　山中さんとは、実はちょっとしたご縁があります。私が京都産業大に着任する前、京都大学の再生医科学研究所というところで仕事をしていて、そこに、まだ若い……本当にまだ若い山中さんがやってこられたのです。そして、私の教授室と山中さんの教授室は偶然にもお隣だったんですね。で、なぜか出会うのはいつもトイレでした（笑）。トイレで並んで小便しながら山中さんと話をしたものです。その当時、山中さんは既にiPS細胞の芽をつかんでおられていたわけですが、まだごく普通の若者で、とても感じのいい研究者が入ってきたなぁと思って見ていました。共同でセミナーなんかもやったことがあって、私のラボの若い人たちも、打ち上げの飲み会では山中先生と一緒に酒を飲んだりしていました。ですが、その後、あれよあれよという間に、文字通り、世界で一番有名なサイエンティストになられた。そのプロセスを、幸いにも私は間近で見ることができました。若い研究者が何かをつかんで瞬く間に階段を駆け上がっていく姿を見て、私は、ぜひ若い人たちに、まだ何者でもない頃の山中先生の素顔に触れてほしいと思ったのです。

さて、山中先生にまずお聞きしたいのは、これまでの人生の中で自分を変える様々な決断の瞬間があったと思いますが、その中でも最も大切な一歩というのはどこだったと思いますか。

何のツテもなく飛び込んだ

山中　そうですね。今お話しした中では、ほとんど何のツテもない中で三十歳のときにアメリカに行ったこと。そして、三十七歳のときに奈良先端大に移ったことだと思います。日本の社会では、だいたい前の職場の教授に紹介されて次に移るのが普通ですが、私の場合は自分で勝手に見つけてきました。奈良先端大に移っていなかったら、iPS細胞はできていませんから、これも大きな一歩だったと思います。

それともう一つ、二〇〇四年に京大に移ったことも大きかったです。このときも自分で決断して行きました。iPS細胞ができた最後の決め手になったところですが、私は神戸大学出身なので、京都大学というのは日本の研究機関の中で、東大と双璧の「白い巨塔」のような存在だったんですね。だからやはり不安もありました。実際、京大に移るときは、当時七十歳を過ぎた母親が電話してきて、四十二歳の息子に「あんた、大丈夫か。そんな怖いところ行っていじめられへんか？」って、心配していました（笑）。

まぁ、いじめられるとは思わなかったですけども、内心不安いっぱいで京大に行ったのです。たまたま隣が永田先生で救われました（笑）。永田先生の第一印象を僕がどう思ったかと言いますとですね、実は父親にそっくりだと思ったんです。髪の毛もふさふさですし（笑）。

永田　僕、会った途端にそう言われたのをよく覚えていますよ。「永田先生って、オヤジ見ているみたいです」って。

山中　先生、僕の理解が正しければ、奥さま（歌人の河野裕子さん）に先生はウマちゃんと言われていたんですね。

永田　（笑）。

山中　僕の父親も同志社の馬術部の出身で、馬が大好きだったんです。ウマちゃんとは呼ばれていなかったですけども（笑）。だから、なんか親近感があったんです。再生研ではワンフロアに二つしか研究室がなくて、その一つが永田先生の研究室でしたから。色々な機械を貸していただいたり、学生同士も仲良くさせてもらったりして、今でも本当に感謝しています。

永田　楽しかったですね。山中さんは、日本の科学者のソサイアティの慣習にとらわれず、環境を自ら変えることによってリセットされて、さらに前進されてきたのかなと思います。僕は、奈良先端大の先生方から、「せっかく教授にしたのに京大が獲って行ってしまった」って、後で怒られましたけれど（笑）。それで、京都大学に変られたことは、環境として良かったのでしょうか。

山中　再生医科学研究所という、まさに自分の仕事にぴったりの研究所にとっていただいたことは、自分への大きな叱咤激励というか、「ここでやらなかったら、どうするんだ」という、自分で背水の陣を布いたようなものです。それに、まわりはすごい方たちばかりですから、基準がとても高いんです。その基準に追いつこうとしますから、その面でも良かったと思います。

慣れた場所から動くのは大変ですが、移動を契機にプロジェクトを考え直すということもしました。京大に移る際、奈良先端大の私の研究室に、初めて大学院生として入ってくれた高橋和利君が、このプロジェクトにメインとして加わってくれたことで一気に仕事が進みました。これがとてもよかったですね。

永田　一つのところにずっといて、じっくり仕事をするのもいいですが、環境を新しく変えてみるのも、精神的なリフレッシュができていいと、私自身は思っています。プロジェクトの見直しとか、新しくチャレンジしてみるとか、そんなきっかけの一つとして職場の移動があるのでしょうね。

ところで、実のところ、自分が研究者としてやっていけるな、という実感を持ったのはいつですか。

予想と違う結果にワクワク

山中　やっていけるかどうかではないんですが、自分は研究者に向いている、と思った瞬間はよく覚えています。大学院生になってからしばらくして、初めて簡単な実験をさせてもらいました。血圧の研究をしている薬理学という教室で、実験動物にある薬を投与したら、血圧が上がることを確かめるという非常に簡単な、初心者向けの実験でした。その薬を投与したら血圧が上がるはずだったのに、逆に下がりまして（笑）。実験動物が死ぬ一歩手前までいって、一時間ぐらいして、やっと回復したんです。

それを見たときに、もう異様に興奮したんです。「ええ〜、なんで?」「うわぁ〜、どうして?」と思って。で、すぐに指導の先生のところに走っていったら、先生は悠々とタバコ吸っていたんですけれど、「先生、たいへんです。血圧下がりました!」と叫んだら、その先生も一緒になって「おお、すごい、すごい」と喜んでくれたんです。

結局、なぜその薬で血圧が下がるかということを、その後二年ぐらいかけて突き止めましたが、最初の自分の反応を自分でも全然予想していなかったんです。予想と反対の結果が起こったときに、がっかりしてもおかしくなかったと思いますが、異様に興奮してワクワクしました。そのときに、「あ、自分は研究者に向いているんじゃないかな」と思いました。だって、もし、人間の患者さんで同じことが起こったら、大変なことですよね（笑）。先生にも、「お前、なんかちゃうことやったやろ」って怒られてしまう。それなのに、先生にも一緒に喜んでもらえて、医者と研究者は全然違う種類の仕事だなと思いました。

永田　ある何かが起きたときに、心底不思議と思えるとか、心底驚くとかっていうのは、研究者になるための一つの条件のような気がしますね。予想外のことに我を忘れて興奮できるかどうか。研究者というのは常に冷静で、ものごとを客観的に判断して、論理的に考える――それが研究者だとよく思われがちなんですが、実は研究者って、少々おっちょこちょいの方がいいのかもしれません（笑）。「え、こんなおもろいのか！」と思える才能というものがありますね。もう一つ、われわれの年代だと、学生たちが出してきたデータを一緒になって面白がれるかどうかというのも大事ではないでしょうか。

山中　本当にそうですね。四十代の前半ぐらいまでは自分でも実験をやっていましたが、それ以降は老眼にもなるし、実験の能力も下がりますから、自分で実験をやるよりも、若い人がやった実験のデータを見るという仕事に比重が移っていくわけです。選手から監督に変わるような感じです。そこで若い人たちと一緒に喜べるかどうかっていうのは、非常に大きなポイントだと思います。

　でも一方で、純粋に喜べるというのは、若さの特権だな、とも思います。たとえば、iPS細胞ができた瞬間もそうでした。京大の培養室で、僕の最初の院生である高橋君が実験してくれていたんですが、「先生！　万能細胞ができました！」って飛び込んできたんです。でも、変に知恵がついていると過去の経験がたくさん蓄積されていて、「何かの間違いに違いない」と思ってしまって、素直に喜べないんです。だんだんといろいろな邪魔が思考に入ってきてしまう。そういう意味でやっぱり、二十代ぐらいの時期というのは、ほんと大切だなと思います。

永田　たしかに、学生と一緒になって毎回喜んでいたら、たいへんなことになっちゃうから、われわれは学生が喜んでいても、「ちょっと待てや」って言わざるをえないところはありますよね。でも基本的にはサイエンスの喜びっていうのは、誰かとディスカッションして、こんな可能性もある、あんな可能性もある、といろいろな可能性を見つけていくことに大きな意味があるのではないかと思うんです。

ディスカッションできる環境

山中　アメリカにいたときは、まさにそういう経験をさせてもらいました。サンフランシスコはボストンと並んで、アメリカの研究の拠点になっていますから、ノーベル賞受賞者や同程度の研究者が大勢います。彼らが僕らのような若い研究者に、非常にフランクに「シンヤ、シンヤ」って接してくれて、自分の研究をちょっと説明すると「素晴らしい研究だから頑張れ」と励ましてくれました。だからそれで自分に研究の才能があると勘違いしていた面もあるんですが(笑)。日本に帰ってからは「こういうやり方はだめじゃないか」という忠告の方が多くなって……それがPADの原因の一つの部分でもありました。

今も毎月アメリカに行っているんですが、アメリカでは、ノーベル賞受賞者、もしくは数年後にノーベル賞をもらうのは間違いない人も、皆で集まって自分の研究データを出してディスカッションしています。アメリカでは、研究者はいつまでも研究者でいられるんです。でも、日本ではノーベル賞をもらってしまうと、ディスカッションの内容が日本の研究のあり方や予算の内容になってしまうことがままあって、研究者が経営者や政治家に変わっていくような感じがすることがあるんです。

永田　それは本当に実感しますねえ。大事なのは、研究データをディスカッションするときに、身分の上下があっては絶対にいけないんです。教授が言うことだから正しいなどということは、本来ありえない。でも、日本の大学では教授の言うことだから、ちょっと反論を控えようという雰囲気があったりしますね。

山中　僕はアメリカにも研究室を持っていますが、そこは学生ではなくてポスドク（博士研究員）ばかりで、月に一度しか僕が行けなくても、彼らは自分たちでどんどん進めてくれています。でも逆に、こちらが何か指導しようとするとうまくいかない。どう教育したらいいのかという悩みもあります。

永田　日本のｉＰＳ細胞研究所でもアメリカでも、山中さんが「このテーマでやれ」と提案することはありますか。

山中　いえ、基本的には自分の好きなことを選ぶように言っています。

永田　うちのラボでも、私からは基本的に言わないようにしています。それで、うちの学生がどこかに書いていたおもしろい話があったんです。ミーティングでデータを出して話していたとき、「ボス――私のことらしいのですが（笑）――が、『これ、おもろいんとちゃうか』と言うと、だいたいそれが次のテーマになっていく」と。そう言われるまで気がつきませんでしたが、どうも学生にも私にも「おもろい」と思えることが、研究室のテーマになっていくみたいで、これは結構いいなと自分では思っています。
それほど高い給料をもらっているわけではなく（笑）、それでもわれわれが研究者を続けているのは、お互いがおもしろいと思える現象に、お互いが関与しながらディスカッションができるからではないか。これが、私たちを研究という場に繋ぎ止めている理由じゃないかと思うんです。山中さんの場合は、研究所長になられると、そういう場がどんどん減ってきてフラストレーションが溜まったりしませんか。
山中　その意味でも、アメリカに持っている研究室は、純粋な研究者に戻れる場所という気がします。英語はいまだに苦労していて、今朝もアメリカとの電話会議だったんですが、もっといろいろ言いたいのに、なんかこう、ついつい“Thank you.”って終わってしまって悔しいです（笑）。
永田　山中さんにとって、アメリカ体験はとても大きいと思うのですが、当時をふりかえってみてどうですか？
山中　二人の子どもがまだ小さいときに一緒に行ったのですが、一番違いがあったのは、子どもの教育ですね。上の子は日本で幼児教室みたいなところに通ってからアメリカに行ったんですが、やり方が全然違うんです。日本にいるときは、お絵描きするにしても、テーマが決まっていて、それをどうしたらうまく描けるかということを教えてもらって、「ああ、上手にできましたね」という感じでした。ところが、アメリカに行くと、いきなり真っ白なキャンバスとクレヨンだけ渡されて、「はい、どうぞ」と。何を描けとも言われなくて、好きなものを好きに描きなさいという。だから子どもは、最初すごく戸惑って、どうしていいかわからなくなってしまったんです。でも、しばらくしたらどんどん絵を描きだして、今では絵が大好きです。どちらがいいかはわかりませんが、本当に違うなと感じましたね。

永田　うちはアメリカに行ったときは、子どもが三年生と五年生で、英語教育もまったくしていきませんでした。その中で右往左往しながらなんとかやっていたわけですが、一番強く感じたのは、家族の一体感でした。

山中　日本にいる間は、昼間は実験、夜や土曜は生活費を稼ぐためもあって、手術の手伝いなどで病院に行っていました。昼もいない、土曜も夜もいないから、子どもに会う機会がぜんぜんなくて、子どももあまり僕になついていなかったんです（笑）。アメリカではもちろん研究を一生懸命やりましたが、家族四人の時間も持てたと思います。娘たちともよく話ができて、あの三年がなかったら、娘は口きいてくれなかったと思います（笑）。

永田　アメリカでは夏休みに子どもたちをサマーキャンプに送ることが多いですね。わが家の場合は、長男が小学校六年生、長女が四年生のときに、別々のキャンプ地に放り込んだんです。英語もほとんどできないのにね。二日かけて、それぞれのキャンプに子どもを届けて帰るとき、車の中で不意に気づいたのは、「ここで交通事故を起こしてわれわれが死んだら、誰も子供たちの居場所を知らない」ということ。ああ、家族って、こんな小さな単位なんだなぁと思いましたね。

今でも月一回、渡米する理由

永田　今、若い人たちが、昔のように外国に出て研究したいと思わなくなっていると言われます。たしかに留学しなくても、研究は日本で十分やっていける。でもやはり、僕はどんどん世界に出た方がいいと思っていますけど、それについてはどうですか。

山中　僕は海外にはぜひ出ていくべきだと思います。特に若いうちに、学生時代に行けたら最高です。三十歳で行くのと二十歳で行くのは雲泥の差です。もう一回学生時代に戻れたら、柔道をやめてラグビーをやるまでのあの一年だけでも、アメリカに行きたかったと思います。

今、インターネットなどによって世界の距離は近くなっていると言われます。でも、実際に行くのとはまったく違う。僕が毎月アメリカに行く理由の一つはそれなんです。今はもう、電話会議やスカイプ等のビデオ会議で相手が目の前にいるかのように話すことができます。でも、それではやはり教えてくれないこと、わからないことがいっぱいあるんですね。実際に飛行機に乗って、現地に行って、ワインでも飲みながら夕食を一緒にとったら、いろんな情報が入ってくる。だから月に一度、わずか数日ですけれども、アメリカの研究の中心に行くことによって、日本にいる残りの時間よりも、はるかに情報が入ってきます。ですからそういう意味でも、世界を知ってほしい。

永田　日本にいると、世界を過大評価しちゃうところがあります。世界を知る、あるいはもっと単純に「知る」ということには二面性があって、一つはこれまで自分が知らなかったことを知ることです。例えば、「こんなにすごい人がいるんだ」ということを、知ることですが、もう一つは、「なんだ、自分と同じじゃないか」ということを、発見することでもありますよね。論文だけ読んでいると、外国のすごい研究室で、雲の上の世界のように思っていても、実際にそこに行って彼らとディスカッションしていると、なんだ、自分たちと同じことを考えているんだな、と実感できるわけです。同じように若い人たちも、山中さんのことを「雲の上の、自分たちとはぜんぜん違う人なんだ」と感じていると思いますし、それも無理ないと思います。でも、そう思っていたら、自分なりの「最初の一歩」が踏み出せないんじゃないか。山中伸弥も、最初から今の山中伸弥であったわけではないのです。

もう一つ、サイエンスというのは失敗の連続でしょ。みんな失敗は大事だと口では言うけれども、やっぱり失敗ばかりしていたら嫌になっちゃう。山中さんは、それについてはどのように考えていますか。

失敗の連続に耐えられるか

山中　学生さんの面接のときにいつも言っていることがあります。野球は三割バッターだったらすごいし、三割五分も打ったらMLBに入れる。でも研究は、成功率一割もいかないんだと。ということは、九割は失敗だということです。あなた、それに耐えられますか、というような問いかけをするんです。いくらそれはOKと思っていても、やっぱりずっと失敗が続くと大変なんですが……。

永田　なるほど。どうしても輝かしい発見の瞬間ばかりがクローズアップされますが、その裏にはその何倍もの失敗例があって、それを乗り越えてこそつかめるものがあるということですね。

ところで、アメリカに行くときは、日本に帰ってくるつもりで行きましたか？

山中　最初は二、三年したら帰ってくるつもりだったのですが、なかなか帰る場所がなくて、ちょっと困りました。ただ、子どもが小学校にあがるときに、子どもをやっぱり日本人として育てたいなと思ったんです。

永田　でもお子さん自身は、アメリカにいたかった？

山中　どうでしょうか。でも、日本に帰ってから苦労していましたね。特に上の子は三年間、向こうの教育にどっぷりつかって日本に帰りましたから。日本に帰ってから国語の授業で、「え」のつくものを書きなさいという課題があったんです。なんて答えているかなと覗いてみたら、エックスとか、エレファントとか書いていました（笑）。それ見たときにちょっと涙出てきました。こんな苦労をさせていたんだなと思って。

永田　さる筋からの情報によると、奥さんと子どもさんが先に日本に帰ってきて、アメリカにいる山中さんと電話で話をしたことがあったそうです。お子さんが「アメリカのうちに帰りたいよ」って泣いたら、山中さんも電話口で泣いてしまって、その様子を見ている奥さんも泣いてしまって、一家全員が泣きぬれたそうですね（笑）。

うちの子どもたちの場合は、アメリカに行ったときよりも、日本に帰ってきたときのカルチャーショックの方が大きかったですね。息子は、田舎の公立中学に入学したのですが、校長先生がまず息子に言ったのが、「君、髪の毛切りなさい」だったんです。だけど、そう言われたとき、一緒にいた僕の方がはるかに髪が長くて（笑）。それで日本の中学に入学したものの適応できなくなって鬱っぽくなってしまった。それでうちの奥さんが必死に転校先を探して、私立の中学に転校させたんです。そうしたら二週間ですっかり元気になっちゃった。日本の学校では、みんなが同じでなければいけないという雰囲気がしんどかったんだと思います。みんなが髪の毛短くしているから、君も髪の毛短くしなさい。みんなが前向いているから、君も前を向きなさい、というのはしんどかったのでしょう。

山中先生がアメリカ時代に得たことをもう一つあげるとしたら何でしょう？

自分の成果をアピールすることも大切

山中　それはプレゼンテーションの大切さ、プレゼン力ですね。アメリカの研究所では、順番にプレゼンテーションをしてそれをビデオに撮る。そして、自分の発表が終わったら退席して、本人がいないところで、みんなでそれをさんざん批判するんです。その批判しているところもビデオに撮っておいて、それを後で見るというすごい授業なんですが、ときどき教授もこの授業を受けにきたりしています。

そのときに身に沁みたのは、研究者にとっていい実験をするのは非常に大切。でもそれは半分。それと同じぐらい、自分のやった結果をどのように伝えるか、どう論議するか、どう講演で発表するかが大切だということです。これについては、再三再四、口やかましく言われました。

永田　日本の研究者って、ともすれば、「いい研究をしていればそれでいいんだ」とか、「わかってくれないのは、わからないやつが悪いんだ」みたいなところがあります。自分たちがやったことをいかに相手に伝えるか。科学の分野だけじゃなくて、自分の思っていることを相手に伝えることはとても大切だと思うんです。

たとえば、スマホでみんなメールのやり取りをする。そうすると、「あ」と打ったら「ありがとう」と自動で変換されるわけです。とても便利だけれど、それは言葉が先に用意されていて、自分の気持ちをそこに乗っけているだけなんです。一対一で向かい合ったときに、自分の思っていることを相手にどれだけ伝えられるか、そこがとても心もとない。

山中　永田先生は科学者である一方で、高名な歌人でもありますから、言葉への思いを鋭敏に持っていらっしゃると思います。同じ言葉でも、メールなどの目から入る文章よりも、フェース・トゥ・フェースなら何十倍も多くのことが伝わると思うんです。「ありがとう」という言葉も、メールで「ありがとう」と言うのと、直接会いにいって「ありがとう〜」「ありがとう!」と言うのでは、もう全然違います。

隣にいる人にメールで何かお願いするというのは、僕は最悪だと思うんですね。離れていたら仕方がありませんが、横にいる人とは、やっぱりじかに言葉で意思の疎通を図らないといけない。これは強く感じています。

永田　そうですね。やはり出来合いの言葉だけでは自分の思いを伝えられない。本当に思っていることを伝えるためには、自分で言葉をつくっていかなければならないと思うんですが、これが本当に難しい。

たとえば何でしたっけ?「ケバい」じゃなくて……美味しいとか、すごいという意味の言葉……「ダサい」、ちゃうわ、「ヤバい」か(笑)。今は何でも「ヤバい」で済ませてしまう。でも、それでは伝わらない思いがたくさんあるわけです。今のプレゼン力ということにもかかわってくることだと思いますが、自分たちの出したデータを、いかに説得力を持って相手の心に届かせるか。やはり、ある種の訓練も努力も必要だという気がしますね。

会社でも、自分のアイデアを上司に伝えるとき、自分では当然、おもしろいと思っている。でも、その時点では相手の上司は、まだ何にも知らないわけです。相手に面白がってもらうためには、単に「おもしろいんです」と言うだけでは、何がどうおもしろいのか伝わらない。まして、「ヤバい」ではもっとヤバいわけで（笑）。どうおもしろいのか、なぜ自分はおもしろいと思うのかを、相手の視点から話さなければ伝わらない。どこかで自己相対化というか、相手の立場に立って自分の話を組み立てなければ、自分の感じているおもしろさは、まったく伝わらないことになってしまう。それは出来合いの言葉では駄目なんですよね。

山中　「ヤバい」というのはほんと、あれ本当にヤバいですね（笑）。娘も会うたび「ヤバい」と言っていますが、いろんな意味がありすぎて、どの意味で言っているのかわからない。すごいときも「ヤバい」だし、危険なときも「ヤバい」だし、なんかもう、あんな言葉が日本にあるんだなと思いますけれども。英語にはないですね。

永田　美味しいも「ヤバい」でしょ。

山中　美味しいも「ヤバい」ですよね。たぶんおいしくなくてもヤバいと思います（笑）。

失敗してでも夢中になれることを

永田　最後に、若いひとたちに今、一番伝えたいメッセージはありますか？

山中　今、五十三歳（対談時）になって思うことは、二十歳前後の五年間というのは、何にも代えられない宝物みたいな時間だということです。帰れるものなら帰りたいけれど、帰れない。この先、iPS細胞の研究が進んでも帰れません。

この時間に、何をやったら正解というのは全然ないと思います。でも何もしないのだけはやめてほしいと思う。どんなことでもいいから、「あのときはこんなことに夢中になっていたな」というのがあったなら、それがうまく行こうが行くまいが、絶対自分自身の成長につながっていきます。どんな失敗をしてもいい。学生時代にやった失敗は絶対に無駄にならない。五十三歳になってあまりにも失敗すると、ちょっとよろしくないんですけれども、二十代の失敗は宝物、財産です。今、皆さんはかけがえのない時間を過ごしているんだということを、ぜひ感じていただきたいなと思います。

永田　大学っていうところは、何かを与えられるところじゃないと思うんです。黙って口を開けて待っていれば食べ物を放り込んでもらえるんじゃなくて、自分から食べにいかないと何も得られないところだと思うんですね。大学で教えてもらえることなんて「知識」としては、大したことないんです。大学にいる間に、何よりも自分から何かを食べに行こうという態度を学んでほしいと思うんです。高校までの勉強には、答えが必ずあります。でも社会に出たら正解があることなんて、何もないんです。そもそも、答えがあるかどうかすら、わからないことの方が多い。先生でも先輩でも上司でも、誰も答えを知らない「問い」自体を、自分で見つけなければならないんですね。

山中さんのiPS細胞は二十一世紀の最大の発見の一つです。大学時代ラグビーに打ち込んで怪我をたくさんして、いろいろな回り道をして辿り着いたものがiPS細胞だったわけです。そして、それは、山中さんの「自分から何かを食べにいく態度」がなければ実現しなかった夢だったと思います。

山中　僕は、医学部なのに授業にはほとんど出ていなくて、毎日ラグビーばかりやっていて、「お前は医学部じゃなくてラグビー部だ」と言われていました。それがよかったのか悪かったのかはわかりませんが、少なくともついた体力は裏切らないですから、悔いもありません。今、現在進行形の皆さんは、ぜひ、何でもいいから、何か打ち込めるものを見つけていただきたいなと思います。

永田　来たれ、第二の山中伸弥。山中さんの言葉をぜひ胸に刻みつけてもらえればと思います。

■対談を終えて

「マイ・チャレンジ」は、京都産業大学の神山ホールで行われているが、第一回のゲストに山中伸弥博士を迎えるという情報が流れると、すぐに申し込みが殺到し、募集は途中で打ち切らざるを得なくなった。当日は千四百席では足りず、本学教職員には別の部屋でモニターを見ていただくことになってしまった。

このシリーズの基本コンセプトは、こんなに偉い人でも自分たちと同じじゃないかと、特に若い人たちに気づいて欲しいというところにある。そこで、成功体験よりは、より失敗談を語ってくださいとお願いしている。しかし、山中さんの場合は、どんな失敗談を語っても、その失敗自体が逆にかっこよく聞こえてしまうところが問題。そこで一計を案じ、事前に奥様の知佳さんとひそかに連絡を取り、二人で山中伸弥をぎゃふんと言わせるプロジェクト、通称ぎゃふんプロジェクトを立ち上げた。知佳さんから秘密情報を入手して、舞台でぎゃふんと言わせようという企みである。

打ち合わせのため前日に電話をしたら、知佳さんの声がひそひそ声である。なんと、その日山中さんは高熱を出して早く帰り、いま隣の部屋で休んでいるとのこと。武士の情けで当日「ぎゃふん」は中止したが、風邪をおして講演と対談をこなしてくれた山中さんは、やっぱり爽やかでかっこよかったのである。

挑戦する勇気

第二章　羽生善治

Yoshiharu Habu

将棋棋士。1970年生まれ。埼玉県所沢市出身。二上達也九段門下。85年に史上3人目の中学生棋士、プロ四段としてスタート。89年、初タイトルとなる竜王を獲得。94年、A級初参加で名人挑戦者となり、第52期名人戦で米長邦雄名人を破って初の名人に。竜王も奪還し、24歳で史上初の六冠王、96年には谷川浩司王将を破って前人未到の七冠独占を達成し、社会現象に。2008年、第66期名人戦で森内俊之名人を破り、名人通算5期を達成、十九世名人の永世称号資格を得た。他に永世王位、名誉王座、永世棋王、永世王将、永世棋聖の資格も保持し、「永世七冠」まであと竜王1期と迫っている。これまでのタイトル獲得数は歴代1位の計97期（2016年10月1日現在）。

今日はみなさんの前でお話をするということで、将棋棋士という仕事柄、ひとりで黙って考えている時間が長い私としては、いつもと少々、勝手が違います（笑）。しかし、今回いい機会をいただきましたので、「挑戦する勇気」というテーマで、自分なりにやってきたことをもとに、お話ししていきたいと思います。

挑戦というと、何か大きな目標に向かっていくことを想像しがちですが、毎日の生活の中で何かを選択したり、新しい知識を得ようとすることも、小さな挑戦の積み重ねといえるのではないでしょうか。最近は、挑戦してうまくいかなかったときに、なかなかそれを受け入れてくれない風潮があるように感じています。そこでまず、ミスについての話から始めてみようと思います。

将棋という勝負ごとの世界にいると、ミスは日常茶飯事です。これまで公式戦で約千九百局ぐらい対局してきたでしょうか。その中で私の最大のミスは、一手詰めをうっかり見過ごして負けてしまったことです。

ちょっと専門的になりますが、一手詰めというのは、次に自分が一手指せば勝てる局面のことで、普通だったら一秒もかからないうちに、その手に気がつきます。けれど、その対局のときには、約四十秒間、まったくその手を思いつかなかった。盤の上に駒を置いた瞬間になって「あっ、まずい！」と気づいたんです。よく血の気が引くという表現がありますが、そんな生やさしいものではない。血が逆流したような感じでした。いや、ほんとに血が逆流したら死んでしまいますけれど（笑）、そんな感覚をはじめて経験しました。やはり勝負というのは、最後の最後までわからない、本当に「下駄をはくまでわからない」ものだと実感しました。

それほど大きなミスでなくても、一年間で六十試合ほど対局をする中で、今日は完璧だったと思えるのは、一、二年に一回あるかどうか。残りの大部分は、「こんなミスをしてしまった」「まだまだ改善の余地があるな」などという反省点があります。

ミスをするよりも、してはいけないこと

人間は、誰でもミスをするものです。ですから挑戦をしていくときに大切なのは、ミスをしないこと以上に、ミスをした後にミスを重ねて傷を深くしない、挽回できない状況に

しないことだと思っています。

ところが、実際はミスの後にミスを重ねてしまうことが多い。どうしてそうなってしまうかというと、動揺して冷静さや客観性、中立的な視点を失ってしまうことが理由のひとつでしょう。

ですから、私は一息つくということが、とても大事なことだと思います。例えばちょっとお茶を飲んで一服するとか、外の景色を眺めるとか、おやつを食べるとか。ごく短い時間でいい。小休止によって、ミスを重ねることを防げるようになります。

もうひとつ、ミスにミスを重ねてしまう理由として、「その時点から見る」という視点が欠けてしまうことがあると思います。

将棋でいえば、先の手を考えていくときには、過去から現在、未来に向かって一つの流れに乗っていることが大切になってきます。「こういうやり方でいこう」とプランを立てたら、その道筋が時系列でちゃんと理屈が通っていて、一貫性があるのがいい。ところがミスをすると、それまで積み重ねてきたプランや方針が、すべて崩れた状態になるわけです。

すでに崩れてしまったのですから、それまでの方針は一切通用しない。そのときやらなくてはいけないのは、「今、初めてその局面に出会ったのだとしたら」という視点で、どう対応すればよいかを考えることです。それが、「その時点から見る」ということです。

実際の対局では、ミスをすると、ついついその場で反省と検証を始めてしまいがちです。もちろん、同じミスを繰り返さないために反省と検証は大切です。でもそれは、対局が終わってからでいい。ミスをした直後には、とにかく状況を挽回し、打開するために、その盤面に集中しないといけない。「こうしておけばよかった」などと過去に引きずられずに、「自分の将棋は次の一手からはじまる」と、その場に集中していくことです。これはもう本当に、意識的にやらなければうまくできないことだと思います。

様々な物差しが挑戦を支える

では、挑戦を続けていくために必要なことは何でしょうか。

ひとつには、「様々な種類の物差しを持つ」ことではないかと、私は思います。みなさんは、何か新しいことに挑戦するときには、どこかで過去に自分がやった、あるいは他の人がやっていたことを物差しにして、判断しているのではないでしょうか。

その物差しには、長いものから短いものまであって、例えば、子どものときに竹馬に乗るために一週間練習して乗れるようになったとしたら、これは「一週間」という短い物差しを一つ身につけたということです。あるいは、英語がうまくなるために三年間勉強した経験があれば、それは「三年間」という長い物差しを身につけたといえるでしょう。

その後、もうひとつ新しい語学を身につけようと思ったとき、英語では三年かかったのだから、最初の半年ぐらいはわからなくても当たり前だ、と割り切ることができます。日々の生活の中で、長いものから短いものまで、たくさんの物差しを持つことが、今後、何かに挑戦をしていくとき、必要以上に不安にならない、考えすぎないために大事な要素になります。

もうひとつ、挑戦を続けていくときに、支えになるものがあります。

十代で棋士を目指した私が、トレーニングとしてよくやっていたのが、江戸時代の人が作った詰将棋の問題集を解くことでした。これが非常に難しくて、ひとつの問題が一日かかっても解けないということはしょっちゅうで、ときには一週間、一カ月かかってようやく解けるということもありました。その問題集には全部で二百問あったんですが、どうしてそんな難しい問題に数多く取り組めたかというと、解けたとき、その手順の美しさや構想力に深く感動したからです。二百年前、三百年前の人が、よくもこんなに素晴らしい問題をつくり上げたなぁと感心したからこそ、つらくても苦しくても、続けることができた。

何か物事に挑戦していくとき、ただ結果だけを求めていると、どうしてもうまくいかなくて、苦しくなってしまうことがあります。ですから、そのプロセスの中で、「ああ、これってすごい！　おもしろい！」とか、「やる価値があるなあ」といった感動を見つけられるかどうか。それが、挑戦し続けていくときの大きな原動力になると思います。

リスクは年代によって変わる

挑戦にはリスクがつきものです。よく、成功するためには「リスクを取らなくてはいけない」と言いますが、今までとは百八十度違うことをいきなり始めるのは、リスクを取るというよりも無謀だということになるのではないでしょうか。

リスクとは、自動車のアクセルのようなものです。運転のうまい人は、アクセルを強く踏んでも事故を起こしませんが、それは、どのくらいまでならスピードを出しても自分で対応できるかを知って、いいタイミングでブレーキを踏むことができるからです。

どこまでアクセルを踏んで、どこでブレーキを踏むか。適切な判断ができるかが、挑戦をスムーズに続けられるかどうかに関わってくるのでしょう。

これは、年齢によって変わってくるところがあって、私は今、四十代ですが、この年代になると、ブレーキのほうは頭で考えなくても勝手に踏んでいる場合が多い。今までの経験から「ここはこれ以上、激しい手を指してはいけない」と考えて、意識しないうちに勝手にブレーキを利かせている。ですから今は逆に、いかにしてためらわずにアクセルを踏めるかが、自分の挑戦になっています。

その点、十代や二十代の若いときは、意識しなくてもどんどんアクセルを踏み込んで挑戦していける。そこに若さの特権というか、大きな可能性があると思います。

挑戦していく中でのリスクは、自分自身の能力を上げることで、ある程度は減らすことができます。プロ棋士同士の対戦では、非常に際どい攻防になることがあります。そうした対局で、たとえば一方の棋士が非常に不利に見えたとしても、その人自身の中では、この一手差があったら大丈夫、勝てるだろうとわかるようになっているものです。

たとえ傍からはわからないほどの僅差、——二分の一手差とか三分の一手差とか、それぐらいの差しかないときでも、より小さな違いがほぼ正確にわかるようになると、きわどいけれど、「ここはまだ大丈夫だ」という感覚が身についてくる。つまり、リスクがとれる範囲が広がるんですね。見ている人がものすごく大胆な手だと思ったとしても、指している本人としては、堅実に勝負を進めている場合があります。ですから、リスクを小さくしながら挑戦をしていくには、非常に月並みですけれども、コツコツとスキルや能力を上げていくしかない。これに尽きると思います。

相手の立場で考えることの難しさ

「棋は対話なり」という言葉があります。将棋では、相手と対局中に言葉を交わすことはほとんどありませんが、駒を動かしながら「ここまで取らせてください」「わかりました。そこまではいいでしょう」「じゃ、これもいいですか」「いや、それはちょっと欲張りでしょう。こちらも戦いますよ」というふうに盤上で話をしているようなものだ、ということです。

対局中は、もちろん自分の作戦や方針をいろいろ練っているわけですけれど、実はそれよりも大事なのは、相手が何を考えているのかを読むことです。

私がたいへんお世話になった原田泰夫九段という大先輩は、色紙を頼まれると「三手の読み」と書いておられました。「三手の読み」とは、自分が指す、次に相手がこう来て、それに対して自分はこう指すという三手で、最短のシミュレーションということになります。三手先を読めばいいだけですから、簡単そうに思われるかもしれません。

ところが、この「三手の読み」が実は難しい。最初の手は自分の好きなようにやればいいだけですが、問題は二手目に相手が何をやってくるかです。みなさんは子どもの頃、「相手の立場に立って考えましょう」と言われた経験があると思いますが、相手の立場に立って相手の価値観で考えるということは、大人でもかなり難しい。

将棋でも、相手の立場に立って、自分の価値観で考えてしまうことがよくあります。一応、盤面をひっくり返して、相手だったらどう指すかと考えてみるんですが、つい、相手のほうから見たときに自分だったらどう指すかというふうに考えてしまう。そうすると、当然ながら相手と自分とでは発想の違いがあるので、現実の場面では、予想外の手が入ってくることがあるわけです。

その二手目の読みを間違ってしまうと、それから先、何百と読もうが何千と読もうが、結果として自分が考えている通りにはならない。非常に難しいところです。ですから、とにかく一生懸命想像する、推測する、推察する。それが、様々な物事に挑戦するとき、何が来ても動じないために大切な要素になるのではないかと思っています。

新しいアイデアを生み出すために

ある程度、リスクがとれるようになってきた、経験もそれなりに積んできたという段階になっても、新しい挑戦は必要でしょう。私もいろいろなデータを見て分析しながら、新しいアイデアや発想が湧いてこないかといつも考えています。

ところが最近、それがなかなかうまくいかなくなってきました。自分で「これはすごくいい手を思いついた、実戦の場で試してみよう」と思っても、調べてみると、すでに誰かがそのアイデアを思いついている可能性が非常に高い。

将棋の世界も、私たちの社会と同様に情報化の波にさらされています。ですから今、新しいアイデアといっても、すでに今までにあったアイデアとアイデアを、過去に例がない組み合わせで用いている場合が多い。そういうものが、新しいアイデアということになっているようです。もちろん、既存の考えを根本から覆すような発想をしようと心がけていますが、見たこともない斬新な発想は、全体の一割にも満たないのではないかと思っています。

そしてもう一つ、最近、将棋の世界で変わってきたと思うのは、以前は一人で考えて、一人で分析して、一人で研究をしている世界だったのが、ここ二十年くらいの間に、何人かで一緒に研究することが多くなってきている点です。

将棋は個人競技ですから、チームメイトがいるわけではない。ただし、ひとりでやっていると、限界があるのも事実です。三人寄れば文殊の知恵ということわざ通り、一足す一が二になるのではなくて、掛け算になって、様々なアイデアや発想が生まれる。そこで、いかにして目標や価値観を共有できるチームやグループをつくるかということも大切になってきています。これは、将棋の世界だけではなく、どの分野にも共通している傾向ではないでしょうか。

情報化社会の恩恵を受ける一方で、逆に難しくなっているのが、スタートラインに立つために必要な情報や知識がものすごく多くなっているということです。それらを記憶し、習得するのに、かなりの時間を費やさなくてはいけません。

もちろん、それはそれで大切なことですが、なんとかそれを習得したうえで、いざ新しいことをやろうと思うと、身に着けたものが先入観や思い込みになって、なかなか新しいものが生まれてこないという壁にぶつかります。

クリエイティブなことをしようと思ったら、先入観を完全に頭の中から消し去るのが理想です。それが難しくても思い込みはとりあえず脇に置いて、様々な可能性を排除することなく、まっさらな状態になってどう見えるかを考える。それが、新たなものを生み出す第一歩になるのではないでしょうか。

この後、永田先生と一緒にお話をすることになっています。永田先生には以前、名人戦の観戦記を書くために対局を見ていただいたことがあります。昼食休憩明けのところで対局が始まって対局室に入っていただいたんですが、永田先生は非常に気を使われる方なので、私が一手指したら退出しようと思っていたらしいんです。ところが、そこで私は次の一手まで、なんと二時間近く考えてしまった（笑）。対局中、二時間もずっと黙ったままお待たせしてしまったという、非常に申し訳ないことがありました。今日はそういうこともなく、様々なことについてお話をしたいと思っています。

■対談

〝あいまいさ〟から生まれるもの

羽生善治×永田和宏

永田　先ほどお話にありましたように、実は、佐賀で行われた第七十二期の名人戦の第三局で観戦記を書くという機会がありまして、羽生さんの対局を拝見しました。「二時間お待たせした」と言われましたけれど、あれはもう、至福の時間だったんです。ちょうど昼休みから入ったんですが、カメラマンが十数名対局室に入って、お二人を写すわけですね。彼らが二分くらいで退室すると、部屋の空気がピューンと、収縮してくる。あの静寂の空間の痛さというのにまず驚きました。

羽生さんは休み前に四十五分、長考しておられたんですね。その後、昼休みが一時間。それで新聞社の人から「もうすぐ指されるでしょうから、一手指されたら出てください」と言われまして。もうすでに一時間四十五分も考えておられるから、あと五分ぐらいだろうと思っていたんですが、それからさらに一時間二十分長考されまして……。

羽生　いや、その節はすみませんでした。間近で見ていただくと、また必要以上に長く感じられるかもしれませんね。

時間の感覚って不思議なもので、例えば私もほかの人が対局しているときに三十分間考えているのを見ると、「なんでこんなに長くかかるんだ」と思ったりします。対局の相手が四時間ぐらい考えていたときなど、最初の一時間は将棋のことを考えていま

したけれど、残りの三時間は、もう将棋以外に考えが飛んでいましたから（笑）。

永田　観戦記を書くということで同時に歌もつくれと命じられまして、その中から二首を紹介してみましょう。

鬩《せめ》ぎあふ気と気に押され息詰まる稀有《けう》のふたりを包む静寂

決断のための時間であるべしと見てをり長考の紺の羽織を

この二首目にあるように、僕はそのとき羽生さんの姿を見ていて、いい手を模索しているというより、もう次の一手はわかっているんだけれど、この手でほんとにいいだろうか、これでいけるだろうかと考えている、決断のための時間かなと感じたんですが……どうでしょうか。

迷いの袋小路に入ったとき、どうするか

羽生　たしかに長く考えているときというのは、迷ったり、ためらったりしていることが多いですね。「一秒で指せ」と言われれば、一秒でも指せるのですが、「こうやったら、その後どうなるんだろう」と考え始めてしまうと、様々な迷いとか、いろいろな感情が湧いてきて、なかなか踏ん切りがつかなくなってしまうんです。一番長いときで四時間ほど考えていたでしょうか。そのときはほとんど堂々巡りで、全然しっぽが見つからなくて、ただ迷っているだけでした。だから先生がサッと作品を作られたりするのはすごいなぁと、思うんです。そのとき、どういうことがご自分の中に起っていると思われますか。

永田 歌っていうのは、五七五七七ととても短いので、つくる時は一瞬の勝負という感じがありますけれど、さっき羽生さんが言われたように、この言葉は動くんじゃないかとか、これはありきたりの表現すぎるとか、迷い始めると、どんどん堂々巡りになってしまうこともある。そんな時は、だいたい最初の案がベストということで、それが残る場合が多いですね。

先ほど羽生さんは「一秒でも指せる」と言われましたが、おそらく本当にその通りで、羽生さんの書かれたものを読んでも、最初の三手ぐらいが一瞬のうちにわかるんだそうですね。一瞬でわかるけれども、この三手の読みをやるのに時間をかける、と。でも、長く考えれば考えるほど結論が出ないいんじゃないでしょうか。

羽生 そうですね。最終的には理屈よりもリズムで、「これがいいんじゃないか」と見極めをすることがよくあります。歌を詠むときもそうではないかと思うんですが、なんとなく「この一局だとこのリズムがスムーズかな」というような感じでしょうか。あるいは、形の認識からいって、「これが美しい、これが自然だな」という感じがあって、後から本当にその手でいいのか裏付けを取っていくということもあります。

ただ将棋の世界と言葉の世界で違うのは、将棋にはルールがあって、指せる手順には限りがあります。ところが言葉の世界は無限なので、その無限の可能性のなかから一つの言葉とかフレーズとかを選んでくる。私なんかにはとても不思議なことに思えます。

永田　それは、お互い隣の世界は不思議に見えるものなので、将棋の世界でも次の手には数十手の可能性があるなかで、一手を選ぶというのと、歌で一つの言葉を選ぶというのはわりと近いような気がします。我々の場合は、どこかで言葉がすっと、こちらにすり寄ってくる瞬間があって、それを逃さずにうまく摑まえてやるという感じでしょうか。ちょっと理屈じゃないところがありますね。自分でも一番びっくりするのは、言葉が出てきて歌としてまとまってから、「ああ自分はこんなことを考えていたのか」とか、「こんなことを感じていたのか」とか、改めて気がつくことなんですね。自分の再発見といいますか、気づきがあるから、歌を続けているんでしょうね。

羽生　そういう時って、自分では覚えているものなんでしょうか。と言いますのも、将棋で集中している時、僕はほとんど覚えていないんです。あとから「あの時なに考えていたんですか」と記者の方などから聞かれるので、覚えてないとは言えないことがあって(笑)。それで言葉を濁してしまったりするのですが、本当は何も覚えていないことのほうが多いんです。

長い物差し、短い物差し

永田　講演の中で、いくつかとても大事なことをおっしゃったので、少しずつお聞きしたいんですが、まずは、チャレンジするときに、「いろいろな長さの物差し」を持っているといい、というお話です。特に若い方は、短い物差しばかりで測っていることが多いような気がします。でも、すぐ答えが出るものだけでやっていると、大きなものに挑戦できなくなりますね。

羽生　そうなんです。例えば同じ一手を指すのでも、それを短期的に見るのか長期的に見るのかで変わってくる。目の前の勝負に勝つことはもちろん大事ですが、長く将棋を続けていくには目先の勝負以外のところで、新しいことも試していかなくてはならない。ビジネスにたとえるなら、勝負で勝つことは目先の利益だと思うんですが、それとは別に先行投資もしなくてはならないというのと同じではないかと思います。

ですから、手堅く勝てそうな方法を続けることは一見安全なように見えて、長い目でみればリスクが高いともいえる。逆に、その一局で見たらすごい挑戦に見えたとしても、長期的に見ると、この先も勝ち続けるためにはそれが安全策だったというケースもあるわけです。

幸い、将棋の世界は勝ち負けという結果がその場ですぐに出るので、挑戦はしやすいかもしれません。つまりは、調子が悪い時には思い切ったことができる。どうやってもダメなときは、何か変わったことをやっていかないかぎり事態は好転しませんから、大胆なことを試すチャンスだと考えています。

ただ、これも新しいやり方を始めてすぐうまくいくケースはほぼないので、思わしい結果が出なくても、ある程度の期間を辛抱するというか、うまく乗り越えていかなくてはいけない。だから、いかにして挑戦していく期間、モチベーションを下げないかということが大切になってくるんです。

永田　なるほど、目標にも二種類あるということですね。一つが目の前の勝負に勝つことだとしたら、もう一つはもっと向こうにある。例えば羽生さんがプロになったときに谷川浩司さんという名人がいて、いつかは彼に勝ちたいという夢があった。現実にはけっこうすぐに勝ってしまったんですが（笑）、そういう長期目標が直近の目標よりはるか向こうにあるというのは、すごく大切ですね。

もう一つは、価値観が一つに縛られないことも、とても大切なことだと思います。人は、どうしても一つの価値観で測りがちになる。会社員なら営業成績が良ければその人間の評価はいいが、それが悪いと全否定されてしまう。私の場合は、サイエンティストでありながら、もう一つ文学の仕事をやっている。やりながら自分ではとても大きな葛藤があるんですね。サイエンスをやっていながら、それだけに集中しないで別のことをやっている。とても居心地が悪いわけです。自分のなかにもこの道一筋という美意識というか、美学があって、自分は二股かけているんじゃないか、という後ろめたさが私の最大の敵だったんです。羽生さんの場合は将棋に打ち込んでこられたわけですが、揺るぎない価値観というのは、どういうものとして意識されていたのでしょうか。

羽生　棋士を目指していた子どものころは、八段になりたいとか、タイトルを取りたいとか、けっこう先のことを目標にしたりするものです。けれども、プロを目指して具体的に対局をするようになると、意外と先のことを考えなくなる傾向がある。目の前の一局、目先のことにとらわれやすくなると思います。たしかに、その場の勝ち負けとか、まわりの評価も大事ではありますが、何事にも動じずに長く続けていくためには、自分で自分のことを正確に認識し、評価することが大切ですね。

それと、深刻に悩み過ぎるのもよくない。例えばスポーツであれば、今日のあの審判が悪かったとか、ちょっと風向きが悪くてチャンスがなかったとか、そういうふうに責任転嫁できることもあると思うんですけど……。

永田　将棋の世界では、そういう言い逃れができない。

羽生　できなくて、一〇〇％自分が悪いとなる。最後まで自分が悪いと突き詰めると、強烈な自己否定になってしまいます。だからあまりやりすぎないで、ちょっといい加減なくらいがちょうどいい。わけのわからない理由をつけて、「そういうときもあるさ」と気持ちを切り替えることが、前に進んでいくためには必要だと思います。

永田先生のように、歌も科学も両方やっていることが、切り替えという点では、両方にプラスに働いているのではないでしょうか。恐らくスムーズに切り替えられるように思うのですが。

永田　長い時間、二つのことをやってきましたが、最近になってようやく、これでよかったんだと思えるようになってきました。それに、ある種の風通しのよさというものもありますね。でも、若い時にはしんどかった。今となってみれば、一つのことだけしか自分になかったとしたら、それがうまくいかなくなると全否定ということになってしまう。もう一つ力を尽くしてやっていることがあることで、うまくいかなかった方は、one of them と思えるようになりました。一つがダメでも、もう一つの世界が自分にはあって、こちらはまだ大丈夫という安心感がある。へたをすると、その安心感が逃げにもつながってしまいますが、そう肯定できるようになったのが、自分にはいちばんありがたかったですね。

もし、棋士にならなかったら

永田　まわりの評価を気にしすぎないというお話がありましたが、羽生さんはトップ棋士として走り続けていて、ずっと注目され続け、周りからも持ち上げられてきました。中学生にしてプロの棋士になって、これは加藤一二三さん、谷川浩司さんに続いて三人目です。その後は前人未踏の七冠になったわけですが、そのうちの六つのタイトルは永世です。〝永世〟とは、同じタイトルを五期とか十期とか、一定期間キープした人に与えられる称号で、本当に限られた人しか得ることができない。こんなにすごい棋士は他にいないので、常に注目をされてきました。その中で、自分で自分を評価するというのは、どのようなものなんでしょうか。

羽生　私、すごく印象的なことがひとつありまして……以前、タイトルが一つになったことがあったんです。

永田　そうそう、ありましたね。一九九六年に七冠を独占してから少しずつタイトルを奪われて、二〇〇四年に一冠のみになりました。しかしそれも、わずか三カ月間のことでしたが。

羽生　ええ。そのとき、結果は残念だけれど、自分自身としてはそういうことも当然あるだろうと思っていたんです。ですが、将棋ファンの方たちから、米とか味噌とか野菜とか、大量に送られてきた（笑）。

永田　それは、生活に困ると思ったから（笑）。

羽生　私以上に心配してくれる方がたくさんいるんだと思うと、ものすごく申し訳ないやらありがたいやら（笑）。当然、浮き沈みがある世界なので、自分では仕方がないと割り切るようにしています。

永田　ファンの存在はご自分の将棋にとって大きな力になりましたか。

羽生　もちろん、そうですね。スポーツのように観客の声援が直接力になるのとは、また少し違うと思いますが、でもやはり応援してくれている人がいる、そういう存在を感じることは、力になりました。

永田　ところで、ちょっと不思議な質問をしたいのですが、羽生さんはもし、棋士にならなかったとしたら、何になっていたと思いますか。

羽生　実は私、師匠のところに入門したのが十一歳、小学校五年生のときだったので、何も考えないでこの道に入ってしまったというのが実情です。もう少し年齢が上だったら、こういう道もあるかなとか、こういう仕事はどうだろうとか考えたかもしれないんですが。自分の進路を考えるという経験がなかったので、高校時代に同級生が進路で悩んでいるのを見て、「ああ、いいなあ」とちょっと羨ましく感じたことはあります。こういう道もあるしこっちの道もある、さあ、こっちを選んだらどうなるんだろうと、迷ってみたかったというか……。

永田　中学生の頃から、新幹線で遠征して戦っていたわけですからね。

羽生　はい、勤労中学生で、働いていました（笑）。

永田　あとになって、「あんな職業についていればよかったなぁ」なんて思うことはありませんでしたか。

羽生　私は歌は駄目だから歌人にはなれませんが（笑）、芸術系には憧れたことがありました。

永田　逆に、棋士になって、捨てなければならないと思ったことって、何かありましたか。

羽生　たとえば子供の時に将棋をやっていて、駒を動かすのが楽しかった時期ってありますよね。そういう楽しさは捨てなければいけませんでした。

永田　それを職業として選んでしまったのですからね。

羽生　それで将棋の奥深さのようなものは知ることになるんですけれども、やはり、将棋を楽しんで駒を動かすという喜びは、捨てなければならなかったと思います。

また、十六歳ぐらいのことですが、夜中まで対局をすると電車がないので、始発を待って家に帰るわけです。そうすると、通勤通学の人たちがこれから出かけるという中を、自分は逆に歩いて家に帰っていく。なんだか完全に自分は道を踏み外して、違うところにきちゃったんだという実感がありました（笑）。

永田　そう感じたときは、悲しかった？

羽生　悲しかったというより、寂しかったですね。疎外感みたいなものはありました。でも、もう選んだので仕方ないや、と（笑）。

永田　今、特に若い人たちを見ていると、人と同じであるということですごく安心をするように思いますが、羽生さんはその頃から、普通とは全く違う世界にいたんですね。

羽生　はい。でも今はずいぶん時代が変わってきました。私が目指した頃は、棋士って何者なのかよくわからない世界だったんです。プロになるためには奨励会というところに入らなきゃいけないらしいけれど、どういう勉強するのかなんて、入ってみないとわからない。ところが今はどんな職業でも、一人前になるまでこれぐらい年数がかかるとか、こういう待遇だとか、ちょっと調べればだいたいわかる。この道を選んだらこうなるというリスクまで簡単に想像できるので、それでかえって躊躇してしまうこともあるのかと思います。

永田　わかりすぎちゃうと、踏み出せないところがある……。私が留学するときがそうでしたねえ。私の場合は、招いてくれた先が何やっているのか、ろくに調べもしないで行ってしまった。アホな話なんですが（笑）。いまの若い人たちは情報が十二分に利用できるので、細かいところまで調べたり、自分で世界一周して留学先として良さそうなところを調べるという人まである。それは決して否定されることではなくて、いいことなんだけれど、自分の人生は調べ尽くして決める場合もあれば、「エイヤっ」と、いい加減なところで思い切って踏み出してしまうことが、結果的にいい場合もあるような気がしますね。情報がたくさんあることは、今の時代の大変さかもしれませんね。

羽生　最近、スマホを持っていると、ほとんど道に迷うこともないじゃないですか。以前は道に迷ったりして、でも迷子になりながら、なんとか目的地にたどり着くという楽しみもあった。今の時代、情報に頼らないで物事に取り組むという経験が少なくなりつつあるのかもしれません。でも、そういうある種の小さな挑戦とか、冒険、あるいは身近で未知なるものに出会う機会を求めていくことは、非常に大切なのではないかと思います。

永田　そう、冒険が少なくなりましたね。探検という言葉があるでしょう。昔はあの字は「探険」と書いたんですよ。危険の険という漢字です。ところが現代の「探険」は危険がありませんから、調べるという意味を持つ「検」になっちゃった。もちろん危険はないほうがいいには違いありませんが、どこかワクワクするような経験が少なくなっていますね。

子どもが同じ道を目指したいと言ったら?

永田　この講演会の趣旨は、「こんなに偉い人でも、なんだ、自分たちとそう変わらないじゃないか」と、若い人たちに実感してもらいたいというところから始まっています。その意味では、今日、羽生さんをお招きしたのは、ちょっと間違っていたかもしれないけれど（笑）。

羽生　いえいえ、とんでもない。

永田　と言いつつですが、僕は羽生さんの親御さんが将棋の世界に入っていった我が子をどう見ていたかを知りたいと思っていまして。羽生さんは、奨励会に入って、中学生のときにプロになっちゃった。ご両親は不安に思ったりされなかったんでしょうか。どんなふうに感じておられたんだろう。

羽生　プロになるときには、奨励会という養成学校のようなところに入らなくてはならないのですが、僕がそこに入ったのは十二歳のときだったんですね。親がどう思っていたかというと、二、三年やってダメなら将棋は趣味にすればいい。小学生なんだから、ちょっと違う世界を見るのもいい経験じゃないかと、そういうつもりで見ていたようです。

永田　あまり心配していなかった？

羽生　心配していないというよりは、親もわからなかったんですね、どういう世界なのか。父親は基本的にアウトドア派で、将棋はまったく指しませんし、母親もルールがわかるかわからないかぐらいのレベルですから、心配したくてもわからない。助かりました（笑）。

永田　でも羽生さんはすぐに頭角を現して、四段、五段と順当に駆け上がっていきました。親としては、自分たちに判断できない才能を持っていると、最初から感じておられたのかなぁ。

羽生　いや、才能を持っているということよりも、十二歳だったので、ちょっと普通の人がやらないことをやってみるのも悪くないんじゃないかと、それぐらいの、本当に気楽な気持ちでいたと思います。

永田　私だったら、反対しそうです（笑）。

羽生　私も親の立場だったら、反対していたかもしれないな、と（笑）。

永田　そう、お聞きしたかったんですが、羽生さんには二人のお嬢さんがいて、もし、将棋をやりたいと言ったら、どうします？

羽生　やってもいいですよ（笑）。ただ将棋の世界には、兄弟、姉妹はたくさんいますが親子で棋士という人はほとんどいないんです。確か、西川慶二七段、西川和宏四段（当時）が、戦後初めて現役の親子棋士になられたのだと思います。うちにも将棋の本はいっぱいあるはずなんですが、なぜか娘たちはやりませんでした（笑）。

三手先を読む

永田　講演の中で、原田泰夫さんが色紙に書かれる「三手の読み」という、すごく含蓄がある言葉を紹介してくださいました。三手先とは、そのうちの二手は自分が指しているんですよね。で、二手目だけが相手。でも、考えてみると、棋士はその二手目に全部賭けているということになりますね。自分の立場を離れて相手の気持ちになっていかないと、相手の手を読めないということなんでしょうか？

羽生　そうですね。一つの場面で八十通りぐらいの可能性があるので、その中から相手がこう考えているんじゃないかとか、こういう手は指さないんじゃないかとか、今まで類似した場面だとこういうことをやってきたから、今回はこの手じゃないかというふうに考えていきます。

ただし、意外とお互い相手の手が予想できないときのほうが、熱戦とか名局といわれるものになりやすい。自分が相手の読み筋をちゃんと予測できたときより、何を考えているかまったくわからなくて、意外な手が続いたときのほうが、内容的にはいいものになるんです。しかも、自分の手も、感覚的に確信が持てないほうがいい手であることが多い。つまり、これはいいと思って指す手は、相手から見ても狙いがはっきりしているわけです。いいかどうか自信がないけれど、深みを持たせるために打った一手が、のちのちいい展開になるというケースはけっこう多いんです。

永田　おもしろいなあ。でも、あまりにも考えすぎて悪い手になるということもあるんでしょうか。

羽生　ありますね。例えば二択で散々迷ってしばらくすると、そうじゃなくてこっちのほうがいいんじゃないかと三番目の手を思いつくときがあるんです。でも、それはだいたい悪い手のことが多い。

永田　えっ、悪い手なんですか（笑）。

羽生　そうなんです。その状態が苦しいから、そこから逃れるために他の手がよさそうに思えてしまうんですね。

永田　われわれ人間は誰でも、ほんとうに迷ったときは視界が狭くなってしまう。ちょっと別の視点から見ると、全然違う出口があるのに、その出口が見つからないということがよくありますよね。そう考えると、二択のときに、別の視点から見て第三の手を見つけるというのも、大事なことだと思うんですが。

羽生　そうですね。科学の偉大な発見なんかも、そういうモヤモヤとした状態の中から、ブレークスルーが生まれてくるっていうこともありますね。

永田　科学の世界でも一番怖いのは常識にとらわれることです。これまでわかっている知識の中だけでものを考えていると、そこからはみ出したものは、絶対その思考の中に入ってこない。可能性としてはあるのに、その可能性を検証する前に、なんとなく消去してしまう。これが怖いところですね。それからどんなふうに別の考え方へ飛躍できるかは、大事な点だと思います。

将棋のニュアンス、言葉のニュアンス

永田　対局の場面でいくと、自信をもって打つのと、ひょっとしてこれダメだなと思いながら打つのと、その差というのはどういうものでしょう。

羽生　そこが将棋のおもしろいところだと思うんですが、感覚的に確信が持てないほうがいい手であることが多いです。

永田　それ、面白いですね。

羽生　つまり、これはいい手だと思って指す手は、あまりいい手じゃないことが多いんですね。

永田　結局、いい加減なほうがいい手だということでしょうか？

羽生　いい加減というか、「こうしたほうがいい」というのは、相手から見ても狙いがはっきりしてるわけです。「こういうふうにやってくるんだな」と、相手もわかっていますから。そうではなくて、自分ではいまひとつ確信が持てないけれど、でも、幅を持たせるとか、深みを持たせるためにと思って打つ手は、意外とよかったりする場合がある。心理的には、これでは自信がないとか、確信が持てないというケースの方が実は多くて、だから心理的な葛藤みたいなものもあります。ほんとは確信をすごく持ちたいんだけど、持たないほうがいい場合もあるというか。

永田　僕は将棋をやれるとはとても言えないんですが、なんとなくわかる気がします。横から将棋を見ていて一番シビアだと思うのは、将棋って完全に一手の世界ですよね。一手指すか指さないかであって、その間がない。僕だったら、マスとマスの間の線に置きたいなんて思ってしまいます（笑）。でも、将棋はゼロかイチのどちらか。完全にデジタルの世界だから、それは許されない。

羽生　そうですね。

永田　先ほど、経験があがると僅差がわかるようになってきて、二分の一手差、三分の一手差という微妙な差もわかるようになるとおっしゃいましたが、それって傍から見てわかるものではありませんよね。その二分の一手というのは、どういうニュアンスとして実感されるんでしょうか。

羽生　一手差というのは基本的に大差なので、それはもう全然勝負にならないという感じです。それがより接戦の形になってくると、きめ細かくなっていって、これはなんかダメなんじゃないかなとか、いけるんじゃないかなというような判断になってくる。

永田　すると、三分の一手差で勝っているということは、三手先になると勝ちがはっきりするという、そんなニュアンスでしょうか。

羽生　そうですね。局面が進んではっきりしてくる前の、まだあいまいな時間がある。将棋って、多分に日本的な歴史や文化を含んでいるものなので、実は言葉と密接な関係があるんじゃないかと思っているんです。日本語って、ものすごく微妙なニュアンスが多いじゃないですか。日本語には助詞の「てにをは」があって、その使い方一つで意味や解釈が全く変わってしまうということと、なんだか私は非常に密接な関係があるように思っています。

永田　ああ、たしかにそうですね。言葉の場合も、言葉の数は当然有限ですから限られていますが、「てにをは」を含めて、それを縦横に組み合わせることで、ほぼ無限の可能性を引き出せます。ただ、将棋の場合は置かれる場所が完全に決まっています。置かれる場所によって、その次の一手のニュアンスというのが様々に変わってくるという感じでしょうか。

羽生　そうですね。例えばテニスでボールを打つとき、弱いとネットにかかります。でも、強く打ったらラインを越えてしまうかもしれない。だから、これぐらいの強さならうまくコートに入るだろうと加減しながらラケットを振るわけで、いつも力いっぱいスイングしているわけではありませんよね。それと同じように、決して厳しい手を指すばかりじゃなくて、ちゃんとコートの中に入るぐらいの強さの一手を探しているという感じです。強すぎてもいけないし弱すぎてもいけない。

美しい形

永田　うーん、それはもはやロジックの世界じゃなくて、感覚の世界ですね。先ほども形の美しさで打つ手を決めることがあるというお話がありました。棋士の島朗さんが書いておられる文章の中に、羽生さんを評して、「彼にとって、流れるような対局や定跡は、美しい一篇の詩であった」（「将棋とは乱調の中に美を探ること」文藝春秋二〇〇三年十二月号）とあって、「要するに、美的感覚こそがすべてなのである」とも書かれています。なんだかすごく言い当てているような気がするんですが、羽生さんにとって将棋における美というのは何でしょう。美しいものですか。

羽生　島さんはとても文章のうまい方なので、それを読んだときは違う人のことじゃないかと思ったぐらいです（笑）。美しさということで言えば、将棋では、いい形、悪い形、美しい形、醜い形という識別がより深くできるようになってくることが、イコール強くなる、上達した、といえるのだと思います。

永田　その悪い形、醜い形ってどういうものでしょうか。

羽生　たとえば、飛車と角はどちらも大きく使える駒なので、近くにあるとお互い干渉して動きづらくなる、それが悪い形だと言われたりします。ただ、時代によって美的な感覚はどんどん変化します。美術界でも、誰が見ても美しいと思える昔の名画とは違って、モダンアートは「美しい」というところに価値があるわけではない。将棋の世界でも、昔だったら醜い形と言われていたものが、決まりきった形から抜け出そうと斬新なものを求めているという点が評価されて、今は許容されている手もあります。

例えば「穴熊囲い」といって、隅っこに玉を囲う手がそうですが、江戸時代はとんでもない、あんな邪道な手はないと思われていたんです。

永田　ああ、そうだったんですか。

羽生　あんな卑怯な作戦はないと、そういう風潮だったのですが、今ではもう、みんなが穴熊をやっていますから、江戸時代の人が見たら、卒倒するでしょうね（笑）。

永田　そう言えば、私が昔つくった歌があって、「長考ののち穴ぐまへもぐりゆく米長の玉《ぎょく》午後のひだまり」（歌集『饗庭』）というものです。米長さんは穴熊好きだったんですか？

羽生　米長先生は穴熊と逆の形が好きだったんです（笑）。でも考え方は基本的には同じです。

永田　そうですか。醜い形が必ずしも弱いということはないけれど、羽生さんとしては、あまりそういう形ばかり指していると、長期的な目標としては資することがない、という考えですか？

羽生　それと、なんと言うのでしょうか、考えていくときって、ものすごく省略しないといけないんです。例えば一つの局面では、八十通りぐらい可能性があって、それを最初の段階で二つとか三つとか、かなりコンパクトに絞らなくてはならない。そういう作業をするときに、形の認識とか、美的なセンスみたいなもので識別しないとできない、やっていけないというところがあるんです。

人間がコンピュータに近づいていく？

永田　なるほど。

最近、コンピュータの対局がかなり盛んになってきていますが、羽生さんから見て、コンピュータの指し手に美は感じられるものなんでしょうか。

羽生　正直にいって、私には違和感がどんどんなくなっている感じがします。以前は明らかにコンピュータと人間の指し手は違っていたのですが、最近はコンピュータもすごく洗練されてきて、人が打った手なのかコンピュータなのか、なかなかわかりづらくなってきています。

今、私たちが興味を持っているのは、学習していく過程、つまり進化していく過程には、人とコンピュータとで違いがあるのだろうかということです。生物とコンピュータは、全く異質なものなのか、あるいは学習という概念からすれば、やはり同じようなものなのか……そこはどうなんでしょうか。

永田　そうですね。生物学の現状を言いますと、人間の遺伝子は全部同定されたので、その遺伝子がコードしているタンパク質が、どんな働きをしているかを明らかにするために、一個一個すべての遺伝子を潰して、どういう影響が出るかと見ることによって、その遺伝子、タンパク質の働きを知ろうという生物学が盛んになってきています。これを「網羅的生物学」と呼んでいます。昔は一個一個のタンパク質を生成して、どういう実験を組んだら、その働きがわかるだろうかと一生懸命考えてやっていました。そこにはプロセスへの興味、プロセスのおもしろさがあったと思うんですね。もちろん、効率からいけば網羅的生物学は有効です。有効ではありますが、実験の醍醐味というか、ワクワク感がなくて、また実験を組むときには、ある種のセンスが必要で、それが磨かれないという点でも、僕は網羅的生物学は嫌いなんですよね（笑）。

羽生さんの質問にもどると、コンピュータはたしかによく進歩していて、昔はひとつひとつの可能性を同じ重みで一から検討していたものが、現在では膨大な過去のデータから傾向をつかみ、自分で実践しながら学習し、次また次のステップに行くというふうになっているらしい。ただ、ひとつ間違うと、どこにたどり着くかわからないところがあって怖い。ＡＩに人間が踊らされるという時代がやってくるんじゃないでしょうか。

勝負事では、そのうち絶対コンピュータに勝てなくなると思っています。けれども、コンピュータがどれだけ美的センスを身に着けられるかということになると、それはまだ先のことだと思います。だからコンピュータと人間が将棋を指して、人間が勝った、コンピュータが勝ったということよりも、やはり将棋は将棋として、人間と人間の戦いであって欲しいし、その棋譜に美の感じられるものであってほしいと、僕なんかは思います。

羽生　最近、その〝美的〟ということについて考えているんですが、進歩に必要なビッグデータをつくっているのはだいたい人間ですよね。それを基にして統計や、マーケティングが行われていくということは、コンピュータ的な美的センスが少しずつ人間の世界に浸透してくるのかもしれない。それを繰り返していくと、結果的に人間の美的センスのほうが、コンピュータ的な美的センスに近づいていく可能性があるんじゃないかと考えているんです。

永田　たしかに、サイエンスの世界でも、そういうふうになりつつある気がしますね。そうなる前に、私なんかは早く退散しなきゃと思っていますけれど（笑）。

羽生　でも、だからこそ歌を詠むというような、人間ならではの感覚的な経験を子どもの頃から積んでいくことが、ますます大切になってくるのではないでしょうか。

永田　いずれコンピュータに侵されるにしても、歌なんかは最後まで侵しにくい領域ではありますよね。美のセンスというか、言葉のセンスという、きわめて個人差の大きい、あいまいな部分というのは、たぶんコンピュータのもっとも不得手なところでしょう。今はコンピュータが小説まで書いちゃう時代ですが、詩は、そして、なかでも俳句や短歌という短詩型は、もっとも遅れてコンピュータが進出してくる分野のような気がします。つくるのは機械でもできてしまうけれど、それをいいと感じたり、鑑賞したりするのは難しい。

自分のスタイルを築くには

永田　一九八八年のNHK杯で、十八歳の羽生さんは、当時現役だった歴代名人を次々と破って優勝しました。三回戦で大山康晴さん、四回戦で加藤一二三さん、準決勝で谷川浩司さん、決勝で中原誠さん。もう、とんでもない若造だったわけですが、今度、七十四期名人になった佐藤天彦さんは、羽生さんよりも十八歳下ですね。今、自分が若い人と指す立場になってどんな感じでしょうか。

羽生　将棋って、実は言葉と似ていまして、世代によって感覚の違いがあるんです。言葉遣いが違うようなもので、自分はこういう手は指さない、こういう感覚はないなということがしょっちゅう起こるんですね。だから、全然違う手に触れるというおもしろさもあるし、それに対応していくという大変さもあります。

永田　でもそれは自分の感覚じゃないから、ほっとくと負けちゃうみたいなこともありますか？

羽生　ええ、負けます（笑）。本当に簡単に負けます。そこはちょっと言葉と違うところかもしれません（笑）。

永田　なるほど。これからもまだ羽生さんはしばらくトップを維持していくと思いますが、そのためにはどんな心構えでいるのでしょうか。

羽生　大切なのは、その時代の流行と自分自身のスタイルのマッチングの問題だと思います。ある程度は時代に合わせないといけないんですが、合わせすぎると自分の個性がなくなってしまう。ある意味それは、毎年、毎回のチャレンジでもあるんですが、特に最近、時代の流れがものすごく速くなっているので、それにいかにしてついていくかというのは課題です。

永田　なるほどね。われわれは若い人たちが出てきて新しい歌を作っても、それはそれでいいやって無視しちゃえばいいんだけど、羽生さんの場合はそういうわけにいかないですからね。

羽生　将棋の世界は十代後半とか、二十代前半ぐらいの人のアイデアから新しい流行や戦法が生まれてくることが多いんです。だからそういう発想も勉強していかなきゃいけない。まだ名前は知られてない、実績がないという人の棋譜も、よく見て参考にしていますよ。

永田　あ、そういうところまで……すごいですね。ある意味自分のスタイルがどんどん浸食を受けていく中で、どこに自分らしさというのを感じるんでしょう。

羽生　今の時代、どんどんセオリーが新しくなっているので、独自のスタイルを築きあげるのが難しくなっているという実感はたしかにあります。昔は一手で自分の個性を表すことができたのかもしれませんが、今では難しい。何十手、何十局という積み重ねの総体として、自分なりのスタイルや個性が見えてくることになるんだろうと思っています。

永田　たしかに、それは将棋の世界に限ったことではないかもしれませんね。でも、そんな中で羽生さんは素晴らしく個性的な存在として輝いている。若い人たちにも、ぜひたくさんの挑戦の中から自分らしさを見つけていってほしいと思います。

■対談を終えて

驚いたことがあった。講演を依頼するのに、大学の事務方でこの対談シリーズを担当している中島早紀さんと一緒に羽生さんを将棋会館に訪れたことがあった。約束の時間は午前九時。一足先に二人で将棋会館に出かけると、ほぼ時間通りに羽生さんが現れた。

講演会や対談の打ち合わせなどを済ませ、それは早く終わったので、そのあとはゆっくりと世間話に近い話をしていた。その時の羽生さんの一言に驚いた。このあと十時から対局があると言うのである。対局前には心を落ち着かせる時間も必要だろうに、何という豪傑かと驚くとともに、羽生さんの生活の一端、その時間管理のタイトさを否応なく見せられたような気がしたものである。しかも、秘書さんなどを使うことなくすべて自分で管理しているらしい。迷惑をかけては申し訳ないと、早々に引きあげたことは言うまでもない。

今回の対談では、将棋という世界が、決してデジタルの数値の世界ではなく、一手と一手のあいだには分割できないいくつもの可能性があるのだということ、また、結果としては駒がどう動いたかというだけに見える指し手にも、言葉遣いのように世代間によっても時代によってもさまざまのニュアンスの違いがある、膨らみのある世界なのだということを、将棋の素人の私にも十分に実感させてもらえた対談となった。

第三章

映画を撮りながら考えたこと

是枝裕和

Hirokazu Koreeda

1962年東京都生まれ。早稲田大学卒業後、テレビマンユニオンに参加。95年『幻の光』で映画監督デビュー。2004年、『誰も知らない』がカンヌ国際映画祭にて史上最年少の最優秀男優賞（柳楽優弥）受賞。13年、『そして父になる』でカンヌ国際映画祭審査員賞受賞。14年、テレビマンユニオンから独立。制作者集団「分福」を立ち上げる。16年、第8回伊丹十三賞受賞。著書に『雲は答えなかった』（PHP文庫）、『歩くような速さで』（ポプラ社）、『映画を撮りながら考えたこと』（ミシマ社）など。

最初に告白しておきますと、実は今日、大好きな永田先生と対談するつもりで来たんです。着いてからタイムスケジュールを確認したら、「講演」と書いてあって。それで今、たいへん困っているところです（笑）。

講演が苦手な理由のひとつに、ひとりでしゃべらなくてはいけないことがあります。ですから、どうしても講演をしなくてはいけないときは、まず、今日のように自分の映画やドキュメンタリーを観ていただく。そして、その作品についての質問に答えていくという対話の形にしています。そうしないと、なかなか心に届く言葉が自分の中から出てこない。そんなわけで、今日はごく簡単にしゃべって、すぐ永田先生にヘルプを頼もうと思っています。みなさん、ちょっとだけおつきあいください。

僕はおととしまで十一年間、立命館大学の産業社会学部で先生をしていました。映像の授業を担当していたんですが、題材にするのは映画ではなく、一九六〇年代のテレビドキュメンタリー番組です。それをどう読み解いていくかという授業をしていました。

今の若い人たちは、テレビは〝オワコン〟だと言って見なくなっている。終わってしまったコンテンツだという。テレビなんて嘘ばっかりだと思っている人が増えています。でもそのわりに、テレビからの情報で自分たちの暮らしがどれほど影響を受けているか、自覚していない気がします。

テレビがどんな可能性を持っていて、どんな形で権力の抑圧を受けてゆがめられてきたのか。そうした問題の出発点が、一九六〇年代にあります。だから、それを振り返ってみることが、これからのテレビの可能性を考えるきっかけになるんじゃないかと考えたんです。立命館での授業が終わって、今は同じ内容の授業を自分の出身校、早稲田大学でやっています。

大人なんか信用してなかった

自分が学生のころは、先生とか大人というものをまったく信用していなくて、まともに学校に通っていませんでした。小説家になりたいと思っている学生が集まる第一文学部の文芸専修という、よく言えば自由な、悪く言えば専門性のない、いいかげんな学科に所属していました。でも、しばらくすると大学は小説の書き方を教えてくれるところじゃないと気がついた。それどころか週四回も第二外国語の授業があって、相当苦しめられました。僕は英語が大の苦手でアルファベットを見るのも嫌だったから、漢字ならなんとかなるだろうと、中国語を選択したんです。それが誤算でした。発音が複雑すぎるんです。しかも中国語の先生が厳しくて、チャイムが鳴ると同時に来てドアを閉めてしまう。全く単位がとれなくて、中国語のために五年間、大学に通うことになりました（笑）。そのくらい大学に価値をおいてなかった人間が、なぜ五十歳を過ぎて大学で教えているのかと、複雑な気持ちなんですが……。しかも二〇一五年、一六年は早稲田の理工学部で月曜に二コマ、火曜に四コマも、授業を持っています。土曜も交代で授業があるので、多いときは週三日も大学に通っていることになります。この二年間で、大学生のときに通っていた日数をはるかに超えてしまいました（笑）。

学生と一緒に映画をつくる授業が週に一回あるんですが、彼らに企画書を書かせて、一緒に脚本づくりをやって、撮影に立ち会い、編集に意見を言って、一五年は四本の映画をつくりました。それで思ったのは、「あ、これってサークルだな」ということ。僕は大学時代にサークル活動をしていなかったので、今、三十年遅れでそれをやっているようなものですね。しかもいきなり部長という、ずるい立場（笑）。下っ端を経験せずに言いたいことを言って、学生たちと楽しく映画をつくっています。

さて、ここまでが僕の自己紹介です。すみません、話すことを決めてないのがわかりますね（笑）。

でも、あらかじめ話すことを決めて、そのとおりにしゃべろうとすると、だいたい失敗する。今日のように「しまった！　今日は講演会だった、どうしよう……」と、壇上に立ちながら何を話すか考えるのは、実はそんなに悪いことじゃないと思っています。

撮影の現場でも、同じようなことがあります。ドキュメンタリーにしても、劇映画にしても、今日はこういうカット割りで三〇カットを撮ろうと決めて、自分のイメージのとおりに撮れたとします。けれど、それが果たしておもしろいかというと、そうでもない。もちろんスタッフは、僕が考えた三〇カットを限られた時間の中でどう撮りきるかに専心してくれるので、本当にありがたいんです。けれども、自分の予想を超えるもの、予想と違うものが出てこないと満足しなくなってしまったところがあります。

それは、僕が劇映画だけをやってきた人間ではなく、出発点がテレビであり、それもドキュメンタリーだったからそういう感覚になっているのかなと考えるんですが、自分でもよくわからない。そのあたりは「映画を撮りながら考えたこと」という今日のテーマに関係します。

映像を撮ることは自己表現か？

果たして映像を制作すること、映画をつくることは自己表現なのだろうか――。それが、映画を撮りながらまず考えたことです。もし自分の中から出てくる表現であるならば、カメラはなぜ自分へ向かわないのだろうか、と。

映画というのは、決してつくり手である自分を撮るのではありません。僕はカメラの脇にいて、カメラは世界に向いている。世界を撮るんです。表現されるべきものは世界の側にある。このことが、初めてカメラを持ったときにいちばん難しかったし、いちばんおもしろかったところです。

世界の側には、僕が認識している世界とはあきらかに違うものがある。当然ですけれど、もっと複雑で、もっと豊かなものがあるはずです。それを僕は、フィクションの現場でもなんとか見つけたいと思っているんです。そして、それが見つかったときがいちばんおもしろい。何よりおもしろい。

そんなことを考えながら八年かかって書き上げたのが、『映画を撮りながら考えたこと』

（ミシマ社）という、今日のテーマと同じタイトルの本です。その中のエピソードを、ひとつ紹介しましょう。

僕は映画が好きで、いつか映画を撮りたいと思いながら大学生活を送っていました。ただそれだけで、あまり就職のことは考えていなかった。好きなことができるのは今しかないと、学生時代はただ映画を観ているだけの五年間でした。そうやって映画を観続けているだけで十分だったんですが、やっぱり就職しなくちゃいけないとなったわけです。あたりまえですね。そこで、好きなことを職業にできるか、できないかと、すごく悩みました。いきなり映画の世界に飛び込んで、フリーのスタッフとして現場でやっていくほどの精神的なタフさが自分にあるかどうか……。ないなと、考えた。協調性がなかったんです。特に大人を信用していませんでしたから。

それで、テレビ局なら、と考えました。結局、放送局は箸にも棒にもかからなくて、制作会社に入ることになった。それが、テレビマンユニオンです。自由にやらせてくれる素晴らしい会社なんですが、映画をやりたくて入った人間にとっては、一年目に出会ったクイズ番組や情報番組、旅番組の仕事が、くだらないとしか思えなかった。今になって考えると、そこから学ぶべきものは山ほどあったはずです。

でも当時は、「俺にはこんなところでこんなことをしている暇はない」などと考えていた。男の子って、すぐそういうふうに考えちゃうでしょ（笑）。女の子は、そういう状況に案外、耐えられる。当時の自分を考えてみてもそうですが、男の子はあまり否定されずに育っているからかもしれません。自分の存在を否定される経験ってそんなにないですよね。

ところが会社では「おまえなんていらない」「おまえがいると暗くなるから、明日から来なくていい」と、普通に言われるんです。映画が好きだったのに、いきなりテレビの制作の現場に入って、そこで自分の存在を否定されたわけです。確かに自分は全く役に立たないと、自分でわかるくらいには周りが見えていました。

それなら、いったい自分はこの会社で何をすればいいのか。三十歳になる頃には映画監督になっていたいと思っていたのですが、どういうふうに日々過ごせば映画監督になれるかがまったくわからなくなってしまった。とても悩みました。

初めてのディレクターで気づいたこと

そうは言っても、みんな三年か四年すると、「あいつもそろそろだな」と、ディレクターに推されていく。僕が初めてディレクターとして仕事をしたのは、「地球ZIG ZAG」という日曜日午前十一時から始まる三十分番組でした。一九八九年のことです。

十代から二十代の一般人を海外に連れて行って、ホームステイ先でいろいろな体験をさせるという体験型のドキュメンタリー番組です。現地の人との出会いがあり、チャレンジや挫折があり、最後は涙の別れがあって、感動のうちに帰ってくるという内容です。何年か前に終わった「世界ウルルン滞在記」の前身で、同じスタッフがつくっていたんです。

それで、ディレクターとして初めてその番組を担当することになったんですが、僕は本当にやりたかったわけではなくて、しようがなくやっていた。しようがなくやるときって、だいたいまわりにわかってしまうんですけれど。

デビュー作で僕が選んだのは、牛乳屋さんの長男の話でした。長男といっても家の仕事を手伝うつもりはなくて、今でいうところのフリーターです。彼が、「うちのカレーは世界でいちばんおいしい。カレーの本場に行って、うちのカレーを食べさせたい」と、体験者に応募してきた。どんなにすごいカレーをつくっているのかと会いに行ったら、二種類の市販のルーを半分ずつ入れて、自分の家で配達している牛乳を加えただけだったんです(笑)。それで、彼と一緒にカレーの本場、スリランカへ行きました。

僕の描いたシナリオでは、スリランカの市場に行って飯盒でご飯を炊き、肉と野菜を入れたカレーをつくって現地の人たちに食べさせる。スリランカはカレーの本場ですから、「おいしくないね」「こんなのカレーじゃないよ」とみんなに言われて、一旦、彼は挫折。そのあと、唐辛子農家にホームステイして家族と一緒に働き、本場のカレーを食べて「ああ、これが本当のカレーなんだ。おいしい！」と感動して帰ってくる。そういうあらすじになっていました。それが、僕の中にあった「物語」です。

実際にスリランカに行って、市場でカレーをつくって現地の人にふるまいました。そうしたら、「ウマイ、ウマイ！」ってみんな笑顔で言いながら、美味しそうに食べちゃった（笑）。彼らがそれをカレーだと思ったかどうかはわかりません。できたてのご飯に野菜や肉の入った汁がかかっている料理だと思ったかもしれないし、日本からわざわざ来ているんだから、「おいしい」と言わないと悪いからと、気を遣ってくれたのかもしれない。とにかく予想外の展開になってしまった。

それで僕は、困ってしまったんです。このままでは話が終わって、ホームステイ先までたどりつかなくなっちゃう。「ヤバイよ、ようやくディレクターになったのに、この一本でまたアシスタントディレクターに逆戻りになるんじゃないか」と、ものすごく焦りました。それでどうしたかというと、もう時効だから言いますが、何か理由をつけて、「マズイマズイ、こんなのカレーじゃない」と言ってくれないかと、コーディネーターを通じて現地の人たちにお願いしたんです。で、実際に言ってもらいました。

現実を思いどおりにしようとした

実は僕は現在、ＢＰＯ（放送倫理・番組向上機構）で、放送倫理検証委員会の委員長代行というのをやっていまして……（笑）。いや、確かに当時の僕は「仕込み」をしていますね。すみません、「やらせ」をしました。何しろ、あのときはパニックだったので、「やらせ」をしたことを隠そうとも思っていなかったんです。そうしたら、カメラマンに怒られました。

「おまえ、こんなものが撮りたいのか。こんなものが撮りたいんだったら、何も朝から市場でカレーをつくる必要はなかった。彼が苦労をして、僕らも汗だくになって、半日かけて撮影したことに何の意味もないだろう。最初からこれだけ撮ればよかったんじゃないか」

いいカメラマンだったんですね。現場で、先輩のカメラマンにそう怒鳴られてハッと我に帰りました。こういう経験をしていかないと、目の前の世界を自分の思ったとおりに捻じ曲げて変えていくことが演出だと誤解したまま、ディレクターになっていったかもしれません。幸いにも僕は一本目で、それは違うんだと気づくことができた。

とはいっても、そのときはまだはっきりとわかっていなかった。しばらくしてから、だんだんいろいろなことを考えるようになりました。その番組のどこに、ドキュメンタリーのおもしろさ、発見があったのか。それは、「ウマイウマイ」と食べられてしまった部分です。僕の予想と違う現実が起きてしまったとき、そこに本当のドキュメントが生まれるはずだった。それこそを撮るべきだったのに、僕は自分が敷いたレールから外れてしまったその部分は撮らずに、「これはダメだ、これじゃ番組にならない」と、自分の敷いたレールのほうに番組を戻してしまった。そして、そのまま放送してしまいました。

これがものすごく後ろめたくて、何年か経って、あそこがドキュメンタリーのおもしろいところだったんだとはっきりと気づくようになってから、出演してくれた牛乳屋さんの長男に、「ゴメンナサイ、あのとき実はこういうことをしてしまいました」と、謝りに行きました。

ディレクターになって一本目の番組でそんな失敗があったおかげで、その後、僕はものすごく演出というものに対して自覚的になりました。演出って、何をおもしろいと思うかということが常に問われているんです。どこにカメラを向けて、何を発見して、今起きていることのうちの何が頭の中に最初からあったものではなく、今ここで生まれたものなのか。それを発見し続けていく動体視力とか、反射神経というものを、自分の中ではなく、自分と目の前に広がっている世界とのやりとりの中で見つけていくという作業が、映像制作のいちばんおもしろいところで、いちばん難しいところで、いまだにはっきりとは掴めていないところです。

それはカメラマンに怒られたから気づけたことであって、スタッフや目の前の世界から学ぶことが実はものすごく大きい。決して、ひとりで気づけるものではないんです。

そんなことを、映画を撮りながら考えています。……と、ちょっと強引にまとめてみました（笑）。多分、対談のほうがこういう場にふさわしい話ができるんじゃないかと思いますので、続きは永田先生にお任せしましょう。

■対談

先入観が崩れるとき、世界を発見する

是枝裕和×永田和宏

永田　「考える人」という雑誌を読んでいたら、是枝さんが連載しておられまして、その文章の出だしにいきなり、「講演会が嫌いだ」と書いてありました（笑）。それで今日はどうなるかと心配していたんですが、とてもいい講演をしていただきました。ありがとうございます。

興味深いお話がいろいろありましたが、是枝さんが初めてドキュメンタリーを撮ったときのエピソードはおもしろかったですね。自分の先入観が目の前の現実によって崩されるのがドキュメンタリーの快感だということでした。それは映画にも求めておられるのでしょうか。

是枝　求めるんですよね。先入観が崩れないとワクワクしないんです。映画監督が皆そういうものなのかどうかはわかりませんが、今、何かおもしろいことが起きた、おもしろいことが生まれていると感じる反射神経や動体視力がカメラマンに必要なのは当然ですが、実は監督にこそもっとも求められる能力ではないかと思っています。

永田　自分が持っている先入観がある種の干渉を受けた時におもしろいと感じる。それは、自分の中にもともと堅い世界観がないと起こらないことですね。でも、映画にはストーリーがありますから、ハプニングのように起きてしまったことを拾っていたら、どんどん話が違う方向にいってしまうのではないでしょうか。

思いがけないリリー・フランキーさんの演技

是枝　大きく動くこともあるんですが、小さな例でいえば、映画『そして父になる』の中に、子どもをふたりとも引き取りたいと言った福山雅治さんを、リリー・フランキーさんが殴るシーンがあります。

永田　はい、ありました。力なく「ぺしゃ」って頭をはたくんですね。

『そして父になる』は、病院で生まれたばかりの赤ちゃんを取り違えられた二組の家族の物語です。一方の父親はエリートサラリーマンで、美しい妻とひとり息子と裕福な家庭を築いている。この役を福山雅治さんがたいへんうまく演じておられます。エリート臭ぷんぷんのイヤな奴なんですが（笑）、嫌味が残らないんです。もう一方の父親は、リリー・フランキーさんが演じる子ども思いのおやじさんで、肝っ玉母さんと子ども三人がいる貧しいながらも楽しい家庭を築いています。お互いの家庭は子どもを取り違えられたことを、六年後に病院から告げられるのですが、それを知った福山さんが、リリーさんのところで育った自分の本当の子ども、自分の子どもとして育てているリリーさんの子ども、この二人ともを、「お金を払うから譲ってくれないか」と申し出るシーンです。リリーさんは福山さんの頭を叩いた後、「金で買えるものと買えないものがある」と、気色ばんで言うんですね。

是枝　もとの脚本では、もっと強く殴る設定でした。福山さんもリリーさんに、「遠慮しないで殴ってください」とあらかじめ言っていたんですが、いざ本番が始まったら、リリーさんは殴れなくて、自然とあんな叩き方になっちゃった。

それを現場で見たとき、切なくなったんです。リリーさんが演じている男というのは、いくら腹が立っても他人を殴れない人なんだということが、お芝居を観ていてよくわかった。リリーさん自身も、あそこで自分が叩けなかったことに切なくなってしまったそうで

す。そうなると、僕が書いた脚本より、目の前でリリーさんのやったお芝居のほうがリアルで、その男に興味が持てる。彼が何を考えて今までどう生きてきたのかということが、想像できるようになったんです。それで、ああいうシーンになりました。

永田　殴れないというのは、ひとつのコンプレックスの現れかもしれません。あの場面でその役の性格が表に出て、人物像に膨らみが出るんですね。

是枝　『海よりもまだ深く』という映画では、売れない小説家で今は探偵という主人公を阿部寛さんが、別れた奥さんを真木よう子さんが演じています。真木さんが新しい恋人（小澤征悦さんが演じています）と一緒にレストランで食事をしているシーンがあるんですが、そこで阿部さんが昔書いた小説の話題が出て、小澤さんから「読んだよ。時間の無駄と

は言わないけどな」と言われた。そのとき真木さんが、最初は彼の言葉を肯定するようなそぶりを見せるものの、ふと、元夫に対する愛情を感じさせる表情になった。別れた夫を一〇〇％嫌いになりきれていない感じが自然と生まれて、お芝居としてすごくよかったんです。僕が想像していた以上に、真木さんは阿部さんに愛情が残っているという表情をしたんですね。

永田　僕は試写会に呼んでいただいたので、その時に観たのですが、あの場面は、観ているほうとしても、すごく救われた感じがするいいシーンでした。

是枝　僕も救われました。阿部さんも後で完成した映画を観て最初に言ったのは、「真木さんが恋人の前で見せたあの表情を見て、すごくうれしかった」という言葉でした。

実は僕としてはどこかの場面で、真木さんには別れた夫への愛情が残っていることを示したいという気持ちがあったんです。でも、真木さんが直接、阿部さんに向かって表現してしまえば、阿部さん本人にも伝わってしまう。そうではない場面で観ている人に気づいてもらうにはどうしたらいいかを、考えていたんです。そうしたら、図らずも目的がかなえられた。そこで今度はバランスをとるために、真木さんが阿部さんに直接対するときには、きつい演技をしてもらうことにしました。真木さんには、「もっときつい上目遣いで、汚いものでも見るような目つきで阿部さんを見てください」とお願いしました。

永田　そうか、阿部さんは撮影の間中ずっと真木さんに辛くあたられていたから、完成した映画を見て、真木さんの気持ちに気づいてうれしくなったんですね（笑）。

是枝　ええ、そうでしょう。役者ってそういうものなんだと、これも僕にとっては発見でしたね。こんなふうにして、役者から出てきた表現を活かす方向で、自分の演出プランを軌道修正することがあります。

台風の思い出

永田　是枝さんの映画は、最後に答えが示されるということがあまりなくて、観ている人に、想像力で結末を補塡するよう任されているところがありますね。『海よりもまだ深く』では、よそよそしかった元夫婦の関係が「台風」を経験することで、それまでとちょっと違ったものになっていくかもしれないな、という予感を伝えています。それは今、是枝さんが話してくれた真木さんの意外な表情が、あとあとまで尾を引いていたからかもしれません。私は観ていて、真木さんは新しい恋人と別れるのだろうなぁ、ということだけは確信できた。阿部さんと真木さんという別れた二人が縒りを戻すことはありえないにしても、映画の途中で得たこの確信が、映画を観終ったあとでも、救われたような気持ちを残したんですね。

ところで、『海よりもまだ深く』は台風がキーになっていますね。是枝さんには、何か台風にまつわる思い出があるのでしょうか。

是枝　ええ、そうですね。舞台となった団地は、僕が九歳から二十八歳まで実際に過ごした東京都清瀬市の旭が丘団地です。それまで住んでいたのが練馬の二軒長屋で、昭和四十年代だったんですが、これが貧乏ったらしい家だったんですね（笑）。まだ共同井戸が裏にあって、僕が小学校にあがるくらいまでは冷蔵庫もなかったし、汲み取り式の便所だったというような。そんなボロ屋ですから、台風がくると屋根がふっとぶ心配があった。

それで、普段はまったく家のことをしない父親が、「明日、台風が来る」っていうときには、急に屋根に上って家の仕事をし始める。外からトタンを打ちつけて窓ガラスが壊れないように覆ったり、夜になると大事なものをリュックに詰めてみんなで集まって、いつでも近くの幼稚園の教会に逃げられるようにと身をひそめていた。僕は子ども心に恐さを感じながらも、ワクワクしていたんです。団地に引っ越したとき、母親が「これでもう、台風の心配をする必要がなくなった」と、ベランダから外を見ながら言っていたのが、なぜか強く記憶に残ってまして。実際の映画の中にもそのセリフがあります。『海よりもまだ深く』は、僕のそんな原体験を反映してます。

永田　それは、ある意味で父親が活躍の場を見つけた、という感じでしょうか。

是枝　そうですね。印象に残っているのは、父親が見せた存在感でしょうかね。実は、台風の日の父の姿は、二〇〇八年に公開された『歩いても 歩いても』という映画の脚本で描いていたのですが、それがいろいろな事情というか、「これはもう少し、歳をとってからでもいいかな」と思ったりして、結局、台風の話ではなくなってしまったんです。でも僕の中では、いつか台風の夜の話をやりたいなと思っていて、それが実現したのが『海よりもまだ深く』だったんです。

永田　そうだったんですね。ただ、この映画では父親の存在感がクローズアップされているというよりも、台風によって、別れた妻と子、そして実の母と一緒に一晩を過ごすことになって、中でも普段は離れて暮らす父と子の一体感がよく出ていました。

是枝　『海よりもまだ深く』では、「もう、この先は一緒に暮らせないことがわかったうえで、最後の時間を過ごす」という、せつない方に話を振ってしまったところがあります。

言わずに伝えることの難しさ

永田　講演でもうひとつ印象的だったのは、「映画は自己表現じゃない」という言葉です。詩人の谷川俊太郎も、「詩というのは、自分の内側を表現するのではない。世界の側にある驚きが詩になる」ということを言っています。是枝さんも、自己表現だったら、なぜカメラが自分に向かないんだと、おっしゃったのが新鮮な驚きでした。

たしかに、子どもが主人公になっている映画『奇跡』で心に残ったのが、その少年が茫然と向こうを見ている姿をカメラがとらえているシーンです。その子が見ている風景は撮らないで、向こうを見ている彼の表情を撮っている。

「何かをじっと見ている表情を、見ている先を映さずに撮ると、何を見ているのかも含めて観客はフレームの外を想像し、ふとその人物の内面へと寄り添ってくれます」(『映画を撮りながら考えたこと』)と、是枝さんは書いておられますね。観客が当然のように、そのうち子どもが見ているはずのものが映し出されるだろうと待っていると、その期待は裏切られる。その代わりに、少年の表情がスクリーンに現われることで、彼の内面へと自分の感覚を向けざるを得なくなる。これは、表現の本質そのものと言っていいのではないでしょうか。つまり、直接的には言わずに、伝えるということです。

是枝　はい。難しいんです、それ。

永田　かなり意識していますか?

是枝　説明しすぎないよう抑制してつくっているつもりですが、ついつい、どこかで間違うんですね。僕は映画をつくるとき、回想を間にはさんで時間軸を操作することをあまりしないんですが、実は『そして父になる』では一カ所、回想シーンを撮影したのに使わなかったところがあります。

福山さんが、赤ちゃんを意図的に取り違えた看護師さんの家を訪ねるシーンと、車の中で風吹ジュンさん演じる血のつながっていない母親に電話で謝るシーンの間なんですが、初めはそこに回想シーンがあった。子どもが生まれたばかりの病院に行って、孫の誕生を喜んでいる父親に対して福山さんが冷たい目を向ける。そのときのことを後悔して、謝ろうと電話をかけたのがわかるようになっていました。撮影では新生児を八人も集めてものすごく大変だったんですけれど、それを全部カットしてしまった。「赤ちゃんを集めるのにどれだけ苦労したと思っているんですか」って、スタッフには泣かれました（笑）。

主人公の気持ちがわかるようにそのシーンを入れていたんですが、それを外していきなり電話をかけるシーンをつないだら、何を謝ろうとしているのかはまったくわからなくなったのに、逆にふっと主人公に気持ちが寄った。そして、ちょっと彼のことが好きになってしまったんです。

永田　ちょっと口はばったいことを言うみたいで申し訳ないけれど、そのシーンはなかった方が絶対によかったでしょうね。

是枝　不思議でした。普通は、なぜそういう行動に出たのかわかったほうが理解できるし、共感も得られると思って脚本を書いているんですが、そこではわざわざ主人公の気持ちをわからないようにした。それなのに、逆に共感できるようになっている。難しいですね。

永田　あのシーン、実は私も二度目の母と一緒に暮らしてきたので、とても切なかった。

福山さんが具体的に何を謝るんだろうと思って見ていたら、風吹さんが、「あなたとは楽しくしゃべりたい」というようなことを言って、サラっといなしてしまいますね。それを見て、風吹さんにもいろいろと思い出したくない辛いことがあったんだろうと、ズドーンと飛び込んできて、それも切なかったですね。

私自身は短歌をやっていますが、言いすぎてしまう、つい説明しすぎてしまうことがあります。そうするとまったくおもしろくなくなってしまう。わかってほしいと思うことが作品をダメにするというのは同じだなという気がします。

誰に向かってつくるのか

是枝 その「描写」と「説明」の違いは、いったい何なんでしょう。

永田 いちばんの落とし穴は、これだけでは読者がわかってくれないんじゃないかと考えてしまうこと。つまり、読者への信頼感だと思います。映画を観てくれる人が、ここまではわかってくれるだろうという信頼感がないと、「説明」に走ってしまうし、是枝さんみたいな映画はつくれないですよね。いったい、どんな人を想定して映画をつくっているんですか。

是枝　テレビ番組をつくるときに局の人に言われるのが、バカでもわかるようにつくってくださいということです。いや、ほんとに言われるんですよ（笑）。ちゃんと見てない人にもわかるようにということですが、見てなきゃわからないだろうと思うじゃないですか。でも、今は「ながら見」が基本だから、ケータイをいじりながらでもわからなくちゃいけない。台所仕事でテレビに背中を向けていても、今、誰と誰がどんな関係で何をしているかセリフで全部わかるようにしてくれと言うんです。絵がなくてもわかるのが、最大のサービスなんですね。

もちろん、僕はそこを目指してはいないので、それならどこに合わせてつくるのかということになりますが、みんなにわかるようにしようと思うと、歯止めがきかなくなる。先ほどお話しした「地球ＺＩＧ ＺＡＧ」のプロデューサーから最初に言われたのは、「誰かひとりに向けてつくれ」ということでした。視聴者なんてつかみどころがないから、誰かひとり、おまえの彼女でもいいし、母親でもいい、子どもでもいいし、田舎のおばあちゃんでもいいから、その人にわかるようにつくれって。このひとことが今も役に立っていて、なるべく守るようにしています。

たとえば『奇跡』という映画は、そのときまだ三歳か四歳だった自分の子どもに向けてつくりました。この子が、映画に出てくる子どもたちと同じ齢ごろになったときに見せることを想定して、将来の自分の子どもに向けてつくろうと思ったら、自然と子どもに語り掛ける言葉遣いになった。あ、こういうことか、と思いました。

永田　特に文学作品ということになると、読者は目に見えない存在ですよね。うなずいてくれるのが見えるわけでもないし。それはけっこう不安で、短歌なんて短いからわかってもらえるかどうか、ほとんど自信が持てない。そこでみんなにわかってもらいたいと思ってつくると、最大公約数になってしまう。そうすると何もおもしろくないんですね。とくに、是枝さんの映画を観ていていいと思うのは、もっともらしい言葉がないところです。誰もが納得するようなもっともらしい言葉をできるだけ使わない脚本が素晴らしい。

是枝　ありがとうございます。

日常の見方が変わる経験

永田　教師をしていると、どこかでまとまりがいいようにまとめてしまいがちですが、そういうときは言葉が上滑りしている気がします。いちばん大事なことは「言えないところ」にあって、それをどう感じてもらうかというところに技術やテクニックを使う。映像表現とは、まさにそういうものだと思います。是枝さんの作品は結論を出さず、皆さん考えてくださいという形で終わりますね。

是枝　基本的にはオープンエンディングを目指しています。映画は一応終わるんですが、登場人物の日常はその先も続いていて、劇場を出たお客さんの日常と交差するという形をイメージしています。

永田　映画の日常と自分の日常が、どこかでつながるということですね。

是枝　はい。これは、『誰も知らない』という映画を観てくれたお客さんから言われて気づいたことです。その方は、映画館を出てから家に帰る途中の公園で、つい子どもの姿を目で追っていたと言うんですね。それまでなら素通りしてしまっただろうに、と。この子は一体どこから来て、いつまでここで遊んでいるのか――。ただ遊んでいるだけの子どもが、急に気になりはじめた。それを聞いて、映画の中の出来事が日常の風景をちょっとだけ変えるというのはいいな、と思ったんです。

永田　われわれがなぜ映画を観に行くかというと、自分の日常がちょっと変わることに期待しているんじゃないでしょうか。それは、なぜ本を読むのかということとも共通しますね。私自身にとっても、歌を詠むときに物の見方がちょっと変わるというのはとても大事なことです。いくらいろいろなものの見方をしようと思ってもたかが知れていて、自分の発想だけではステレオタイプになってしまう。何かに接して、「あ、こういう視点もあるのか」と刺激を受けることで、自分の世界が広がります。

是枝　たしかに、自分の映画の中でとり上げたものが、日常に戻ったときにちょっと違って見えるようになる、このことは意識しています。普通にそこにあるものに、いつもとは違う角度から光を当てるということですね。

『海よりもまだ深く』は日常的な描写だけでつくった映画で、食べ物にしてもカルピスを凍らせたかき氷とか、凍らせたカレーというように、特別においしいものを撮っているわけではありません。けれども、ある瞬間それが「詩」に見える。日常であるはずのものが、ある流れの中でちょっとだけ日常から浮くということが、僕自身も映画を観ていると時々あります。

永田先生は歌を詠みながら、コップならコップというものが、ただのコップではなく、そこに詩が見えるようになる、詩に昇華するというのでしょうか、その瞬間を、どんなふうに感じているのでしょう。

永田　うーん、むずかしい問いですね。ふだん漠然と見ているものに、何かのきっかけでふと注目したときでしょうか。普通、ものがそこにあっても、見慣れたものだったら、意識しないですましていますよね。机にコップがあったって、それを気に留めたりもしない。ところが、ある時、ふとその「存在」そのものに気づくことがある。机の上にコップがあることは、何の不思議もないことなのに、あるとき、そこにコップが「ある」というそのことに意識が向かうことがある。「あっ、ある！」と意識することが、詩が成立するきっかけのような気がする。たとえば、あ、このコップってこんな形をしているんだとか、こんな置かれ方をするんだとか、普段とは違うたたずまいに気づくことが、詩の入り口だという気がします。先ほど紹介した谷川俊太郎さんの言葉を借りれば、「世界の側にある驚き」ということになるんだと思います。それは、誰かがつくった詩を読むときも、同じですね。その人の見方に触れて、「あ、こんな見方があったんだ」と気づく。僕らは普段、気がついていないことがたくさんありますから。「眺める」と「見る」は違うんですね。

本当に見ているか？

是枝　僕はこの仕事を始めたころ、なぜ撮るんだろうという、すごく根本的なことで悩んだことがありました。直接見ればいいじゃないか。見ているものをわざわざ映像に撮ることが、一次的体験ではなくて二次的な体験に過ぎないんじゃないかと、ネガティブにしかとらえられなかったんです。けれども、自分で番組をつくるようになってわかったのは、「いや、普段僕ら、全然見ていないじゃないか」ということでした。見えていると思っていたものが見えていなくて、レンズを通してはじめてそれを意識できるようになる。それに気がついたとき、カメラを通して見ることがレベルの低い体験ではないとわかった。それで、この仕事がおもしろくなってきた。

僕は子どもと一緒に映画を撮る「こども映画教室」というワークショップに時々参加しているんですが、そのときまず、いつも通っている通学路をカメラで撮影してもらうんです。子どもたちは、撮ることによって初めて見えてくるものがたくさんあって、びっくりする。僕は、「カメラは世界を発見する道具です」と言うのですが、そうやって「撮る」ということがどういうことかを体験してもらっています。

永田　ふだん僕らは文脈の中で、流れの中でしかものを見ていなくて、その流れを断ち切ってものだけを見るということが、ほとんどないんですね。

是枝　そうすると、歌にするというのは、その流れを断ち切るという行為なんでしょうか。

永田　そうですね。先ほど是枝さんが、自分の先入観が崩れたときに快感があるとおっしゃいましたが、それに近い感覚だと思います。

わかりやすい例として僕がよく挙げるのが、「秋深し菊人形の若武者の横笛いずれも唇にとどかぬ」（岩切久美子『そらみみ』）という歌です。岩切さんは、私も所属している「塔」という短歌会の会員の方ですが、この歌に最初に出会ったとき、ハッとさせられたんです。最近は菊人形なんて見る機会も少なくなってしまいましたが、僕が子どもの頃は、秋になるとよく菊人形展に連れて行かれたものでした。色とりどりの菊の花をびっしり組み合わせて人形の衣装にしたものなんですが、かたどられる人物は源義経や曾我兄弟といった歴史上の人物、歌舞伎の人気登場人物といったところが定番です。

さて、この菊人形の歌ですが、どこにハッとさせられたかと言いますと、「横笛いずれも唇にとどかぬ」の部分です。横笛を吹くといえば、われわれは普通、唇が笛に直接ついているものだと思い込んでいる。最初からそのような「型」にはまった目で見ているから、唇が離れていることに気づかないんですね。われわれがいかに日常生活で先入観や常識にとらわれて物を見ているか。歌には、それを気づかせてくれる働きがあると思います。

是枝　歌にするということは、その「型」をはずすことなんですね。

永田　そうですね。我々は世界に接するときに、いつも、ある文脈の中でしか、世界と接触できないわけです。たとえば今は腹が減って食堂を探しているところだとか、世界はいつも自分の文脈のなかで認識されている。その文脈以外のものの見方はなかなかできない。文脈を外れてゼロ状態で世界に接することって難しいですよね。

めぐる時間の中で

永田　ところで、是枝さんの映画には『歩いても 歩いても』のように一日を二時間で見せるものもありますが、一年間を描いた作品が多い。映画はだいたい二時間くらいのものですが、一日を二時間で見せる場合と、一年を二時間で見せる場合、あるいは六十年を二時間にする場合もあるじゃないですか。そういう時間感覚というのは、どういうものなんでしょうねえ。是枝さんには、一年という時間に何かこだわりがあるのでしょうか。

是枝　こだわりというか、好きなんでしょうね。「巡る」というのが好きなんです。『そして父になる』がスペインのサン・セバスチャン国際映画祭に招待されたとき、取材に来てくれた記者にこう言われたことがありました。

「あなたの映画はこの映画に限らず、時間が直線的に流れていなくて、円を描いている」

と。つまり円環であるということですね。「それは、季節を追っているからではないか」と答えたんですが、「いや、そうじゃない。季節が過ぎて一周して、ちょっと違うところに着地する。そしてまた一周して、違うところに着地する。そういう時間の流れが、小津安二郎監督に似ている」と言うんです。これは貴重な意見でした。

永田　私はそれを、「楕円時間」と言っているんです。桜が咲いて、次に桜が咲くと一年なんですが、去年の桜と今年の桜はちょっと違う。一年分、歳をとりながら出会う桜だし、その見方も去年とは少し違っている。回りながら少しずつ進んでいる楕円であって、同じところには着地しないんですね。

是枝　登場する人間たちにも、そこで変化が生まれる。ちょっとした変化を描くことに、円環というのが適しているのではないかと言われて、気づいたんです。『海街diary』は吉田秋生さんの漫画が原作ですが、その中にもそういう時間が流れています。家に流れている時間があって、祖母の時代があり、母の時代があり、娘の時代があり、それぞれに季節が巡って人が入れ替っていく。けれども、梅の木は変わらず咲き続けている。そういう時間のとらえ方が、小津監督に似ているとも言われました。確かに『麦秋』という映画など、小津監督自身が「ストウリイそのものより、もっと深い《輪廻》というか《無常》というか、そういうものを描きたいと思った」（田中眞澄編『小津安二郎「東京物語」ほか』みすず書房）と言ったそうですから、何か通底するものがあるのかなと、気づかされました。

永田　一年というのは、撮影するにはけっこう大きな単位ですよね。

是枝　現実的な話をすると、撮影している間に次の季節の脚本を考えられるという、ちょっとずるい計算もあるんですよ。つまり、ひとシーズン撮って、編集して、それから次のシーズンが来る。その間、少し考え直すことが可能になる。『海街diary』も、そういうやり方でつくっています。ドキュメンタリーを撮っていた人間からすると、脚本、撮影、編集、完成とブロックごとに分かれている進行になかなか馴染めなかったんですね。ところが、季節で分けるとフィクションもドキュメンタリーと同じように、取材をするように撮影をして、一度考えて、また撮影に戻るという往復の運動の中で作品が生まれていく。撮影してまた脚本に戻って、また編集に反映させてというように、ある種の運動として作品をとらえることもできます。一年だと四季があるのでそれがやりやすい。

永田　そう考えると四季があることは大きいですね。でも、是枝さんの作品には子どもがよく登場しますから、一年経つと大きくなっちゃうんじゃないでしょうか。

是枝　成長しますね。ですから後戻りはできません。撮影中に男の子が声変りしちゃって、アフレコがはまらなくなったこともあって、それは大変でした。ただ、僕の映画は何か特別なものを撮るわけでも、何か大きな仕掛けがあるわけでもないので、時間の流れがいちばんの贅沢。子どもの成長や、季節の移ろい、光の変化が、映画を豊かにする大きな要素になっていると思います。

裁くことのできる悪なんて

永田　よく是枝さんの映画について言われることですが、悪を裁くという視点がありませんね。たとえば『誰も知らない』という映画で僕は、育児放棄をした母親を許せないと思ったりしました。でも是枝さんは、悪を糾弾したり裁いたりするとカタルシスが生まれて、観ている人がそこに描かれていること自体を引き受けようとしないと言っておられますね。

是枝　映画で描かれていることは監督がつくり上げた世界なので、断罪しようとすればいくらでもできるんです。こいつを不幸にしてやれと思えば、そう描けばいい。それは簡単なことですが……。

永田　悪者に対する思い入れを描こうとしているわけではないんですね。つまり、テーマを観客に手渡すために、あえて悪を切って捨てないというスタンスでしょうか。

是枝　悪を排除して解決できることなんて、実は大した問題ではないと思っているんです。それに、絶対的な善悪とは何なのかと考えはじめると、絶対的な善としての神が必要になってくるのではないでしょうか。でも、僕は神様がいない世界に生きているつもりなので、真っ白と真っ黒を放棄したグレーゾーンの中で、物語をつくり続けたい。目に見えるもの、映画に登場するものを叩くのは簡単で、それは実際の事件でも同じだと思うんですが、そういうことをやりたいわけではないんです。

永田　人間はみな、嫌な部分を持っていて、嫌なところがない人は人間じゃないともいえる。僕なんか、嫌な部分がない人とはつき合いたくないな、とまで思ってしまいます。『そして父になる』で、福山さんは嫌味な人間を実に上手に演じているんですが、決して嫌な感じではない。それを見ていると、逆説的ですが、嫌な部分って自分にもあるんだということを思い知らされます。

是枝　ええ。こんなことを言うと福山ファンに怒られるかもしれませんが（笑）、福山さんは本当に嫌味なところを上手に出してくれました。たとえば、福山さん夫妻が初めてリリー・フランキーさんの家を車で訪れるとき、そのさびれた様子の電器店が運転している彼の視界に入ってくると、福山さんが「オイ、オイ、これはちょっと、いくら何でも」って言うんですね。その上から目線の言い方がね、もう絶妙で。福山さんの顔は映されていないんですが、その言い方だけで、リリーさんの家は福山さんがもっとも軽蔑しそうな感じなんだろうなと伝わってくる。その嫌味な部分は、観ている人にとって身に覚えがあるものとして受け止められるかもしれません。たぶん、観ていてモヤモヤするでしょう。実は、それが狙いなんです（笑）。

永田　なるほど、狙っているんですね。ということは、監督自身の中にも共通する嫌な部分がある、と。

是枝　映画に出てくる嫌な部分は、全部僕の嫌な部分でもあります。カッコイイ福山さんに言わせているから、みなさんは見ていられるのだと思いますけど（笑）。

永田　悪を糾弾したり排除したりする物語は誰にでもわかりやすいのでしょうが、それでは何も解決しないのが現実社会の難しいところですね。ＩＳもそう、沖縄の米軍基地問題もそうですね。

是枝　とはいえ、こんなことを言いながら、次の映画は法廷ものを考えているんです。

人が人を裁くことに関する映画にしたいと思って、弁護士さんの取材をしたり、裁判に立ち会ったりしています。

永田　それはまた楽しみですね。

是枝　今までとは少し違う雰囲気にしたいと思っていますので、ぜひまた、劇場に観にきてください。

■対談を終えて

是枝裕和さんは、私より十五歳も若い友人であるが、本気で話をしたいと思う、しなければ恥ずかしいと思う数少ない友人の一人である。彼と会って強く感じるのは、いつもいつもその場で自分の考えたことを、なんとか言葉に紡ぎだす、そんな息遣いである。出来合いの言葉で気の利いたことを話すのが恥ずかしい、彼との会話ではいつもそんなことを意識させられる。まだ生まれていない言葉、思いを、大切に掘り出すように話しているという、そのお互いの会話の場でしか出会えない、スリリングな恩寵とでもいったものを感じるのである。

今回の講演・対談では、その前に映画『そして父になる』を聴衆の皆さんに観ていただいた。この映画にはちょっとした思い入れがある。京都で是枝さんと食事をしたとき、次は福山雅治さんで子供が取り違えられた映画を撮ろうと思っていると、ふと彼が呟いたのだ。

福山さんと言えば、まさに二枚目で、俳優としてはNHKの大河ドラマ「龍馬伝」くらいでしか知らなかった私には、子供の取り違えというシビアな内容と福山さんがどう結びつくのか、まったく見当がつかなかった。失礼ながらちょっと違うんじゃないのと思ったことを告白しておくが、映画を観ると、まさに福山さんでなければと何の疑いもなく思わせるものとなっていてまた驚いたのだった。映画『そして父になる』については何度か書いたことがあるが（『あの午後の椅子』白水社など）、このタイトルの「そして」というさりげない一語に是枝さんが籠めたものをこそ読み取りたいと思ったのだった。

第四章

挫折から次のステップが開ける

山極壽一

Juichi Yamagiwa

京都大学総長。1952年東京都生まれ。75年、京都大学理学部卒業、80年、同大学院理学研究科博士後期課程退学。(財)日本モンキーセンター・リサーチフェロー、京都大学霊長類研究所助手、同大学院理学研究科教授などを経て2014年10月、同大学総長に就任。78年よりアフリカ各地でゴリラの野外研究に従事。類人猿の行動や生態をもとに初期人類の生活を復元し、人類に特有な社会特徴の由来を探り続けている日本の霊長類研究の第一人者。著書に『家族進化論』(東京大学出版会)、『オトコの進化論』(ちくま新書)、『ゴリラ』(東京大学出版会)、『暴力はどこからきたか』(NHKブックス)、『「サル化」する人間社会』(集英社インターナショナル)など。

今日は私の半世紀をお話ししようと思います。若いころからいろいろな挫折や失敗がありましたが、その経験がもとになって次のステップへと進めたと思うからです。

少年時代、私は探検家を夢見ていました。児童文学『ドリトル先生シリーズ』のドリトル先生に憧れて、アフリカに行って動物たちと話をしたいと考えていました。中高生になると、宇宙飛行士になりたいと思うようになりました。ソ連のガガーリンが初めて宇宙船で有人飛行をしたのが一九六一年、アポロが月面に着陸したのが六九年。人類が地球を飛び出して、新しい天地を探し出そうとしていた時代です。

そんな私に、人生初めての挫折が訪れます。

高校三年生だった一九六九年度は、日米安全保障条約延長に対する学生運動が激化して、私が通っていた高校でも紛争が起こり、授業妨害やストライキが頻発していました。前年には学生運動の拠点だった東大で、学生が占拠する安田講堂に機動隊が突入するという事件が起こっています。いわゆる安田講堂事件です。このことから、六九年の東大入学試験がなくなってしまった。ちょうど私が受験する年です。そんな中で、学問に対する疑問も湧いてきました。「俺はいったいどうやって生きていくのだろう」と、そんなことばかり考えていました。同級生たちは、「社会とは？」「人間とは？」としきりに議論していましたが、それには違和感を持っていた。彼らの言っていることは、マルクスやエンゲルスの書物の受け売りで、自分たちの意見ではないじゃないか、と。

翌年、「自由の学風」に魅かれて京都大学を受験し、運よく入学しましたが、高校紛争で悩んだことが尾を引いて、「人間と社会っていったい何なんや」と、ここでも考えてばかりいました。本で読んだ昔の思想家の話を頭の中で思い描いたりしてみても、どうにもしっくりこない。

ダーウィンが目を開かせてくれた！

その時に出会ったのが、十九世紀にチャールズ・ダーウィンが提唱した「進化論」です。簡単に言ってしまえば、人間も羊も馬も猿も遠く過去に遡っていけば共通の祖先に行き当たるという話です。しかもダーウィンは、一八七一年に刊行した『人間の由来』で、「社会は進化する」とも言っています。社会というものは目に見えません。けれども、実際にある。あるからこそ、われわれはその社会というものに右往左往している。「社会とは何か」という疑問が、ひょっとしたら進化という文脈で解けるかもしれないと思い始めました。

しかし、進化論で人間社会を説明することには、ネガティブな歴史がありました。世界には、進化の上で取り残された社会がある、進んだ社会は遅れた社会に入り込んでいって、文明の光で発展させる役割を担っているという、植民地支配の理屈です。ダーウィンの進化論を人間社会に当てはめることは、この植民地支配や帝国主義を肯定することにつながってしまったのです。

その反省から、二十世紀には、動物で明らかになったことを人間に当てはめてはいけないという考えが主流になりました。人間の社会や文化を研究するのは文化人類学や人文社会学で、自然のことを考えるのは自然科学と棲み分けられた。人間と動物はもともと違うのだからという前提に立って、それぞれの分野で対象を分けて人間を研究するという風潮が、二十世紀中盤まで続きました。せっかく動物の社会を研究しても、それを人間に当てはめることができなかったのです。

そこに現れたのが京都大学の人類学者、今西錦司です。今西さんは戦後すぐに「すべての生物は社会を持つ」と提唱した。サルもキリンもライオンも昆虫も、みんな社会を持つというわけです。これは、当時の学界からすると突拍子もない主張でした。

今西錦司が調査方法のモデルにしたのは、十九世紀の終わりに出てきた動物学者、シートンです。シートンは「オオカミ王ロボ」や、「スプリングフィールドの狐」などの文学作品でも有名ですが、猟師や牧場主から話を聞き出して、動物の立場に立ってその生態を見事に描き出しました。今西さんも、そういう方法で動物の社会を研究しようと考えたのです。ただし、シートンが動物の中でも〝英雄〟にしか名前をつけなかったのに対して、今西さんはすべての動物個体に名前をつけて、それぞれの行動を記述したうえで彼らが生きている社会を理解しようとしたのです。当時、世界の学界から大顰蹙を買ったこの個体識別法も、今ではジャパニーズ・メソッドと呼ばれ、世界中の研究者が利用しています。

考えてみれば、動物と人間を分けて考える西洋的な考え方は、そもそも日本にはありません。当時、今西さんがフィールドワークによって明らかにしようとしたのは、宮崎県幸島のサルの社会です。昔からサルはわれわれ日本人にとって身近な存在です。それに、先進国とされる国の中で、人間以外の霊長類が生息するのは日本だけ。そんな文化的・地理的な条件を背景として、人類学研究のおおもととなる霊長類学研究が日本で生まれ、世界をリードするまでになったのです。

冬山で出会ったサルを見る人

スキー部に所属していた私が出会ったのが、この今西錦司が始め、伊谷純一郎が受け継いだ京大自然人類学講座だったのです。冬になるとスキー部は志賀高原にある京大のヒュッテに住み込んで毎日練習します。大学二年の冬、双眼鏡でサルを見ている人に出くわしました。変なことをしているなと思ったら、これは研究だというんです。サルを研究して人間のことを理解しようとしている学問が京都大学に存在することを、そのとき初めて知りました。それまで書物でしかわからないと思っていた「人間の本質は何なのか」という問いに、遥か遠く、人間とサルとの共通の祖先にまでさかのぼって、彼らがどういう生活をしていたのかを考えることで、答えられるんじゃないか。これはおもろい！　というわけです。

今西さんが説いた「動物にも社会がある」という主張を実証してみせたのが、私の師匠、伊谷純一郎さんです。伊谷さんは高崎山に住み込んでサルの群れに入り、餌づけをしながらサルの警戒心を解き、百六十頭ほどいるサルの一頭一頭に名前をつけました。そして行動を逐一記録してみると、群れの真ん中に強いサルがいて、そのまわりにメスたちがいる、そしてその周辺に弱いサルたちがいるという構造が見えてきた。それで、サルも社会を持っていることがわかるようになりました。これは「同心円二重構造」と呼ばれるモデルです。やがて、その研究に憧れた私は、伊谷さんの研究室に入りました。

私がまずやったのは、雪国で餌づけられたサルの研究。当時は、研究目的で始まった餌づけが観光目的でも行われるようになり、サルを見て観光客がお金を払うようになった時代です。研究も行われていましたが、餌付けの弊害というのも出はじめていました。

たとえば、餌を食べるから栄養が豊かになって出産率がぐっと上がります。たくさん子供が生まれると、群れが大きくなります。そして、一カ所にたくさんの栄養価の高い餌がまかれたら、それをめぐってケンカが起こる。サルたちが自分の好みで自然界にある餌を仲間と一緒に食べ歩くという、本来の姿がだんだん失われていくわけです。

これはほんとうに自然状態のサルを見ているんだろうかという疑問が湧いてきて、修士課程のとき、屋久島に行きました。仲間たちと土地に住み込んで貧乏暮らしをしながら、人間の餌に引き寄せられない自然状態のサルを研究することにしたのです。

屋久島は周囲約一一〇キロメートル、西側に西部林道という地域があって、ここでは海岸線から標高一九〇〇メートルくらいまでずっと自然の植生が続いています。普通、本州の落葉樹林では地表にクマザサが密生していることが多く、自然状態のサルを観察するのは難しい。ところが屋久島の森は照葉樹林で、葉がよく茂っているので太陽光が土まで届かない。林床植生が貧弱なので森の中の見通しがよく、サルを追うことができます。

この時に気づいたのが、日本の自然がどんどん少なくなっているということでした。まさに、日本列島改造論が華やかなりし頃。北から南までスーパー林道が走り、植林事業がはじまって自然林がスギやヒノキの林に代わっていく時代。自然林を住処としていたニホンザルの生息域がどんどん縮小して、サルが人里へ出てくる時代になってきたのです。

屋久島では、いろいろな発見がありました。ニホンザルのメスは秋から冬にかけて発情するのですが、群の外にいるオスが発情したメスと仲良くなって、新しい群れをつくるという現象を発見しました。ニホンザルというのは、強いサルから弱いサルまでオス間の順位が決まっていて、その優劣をもとに、強いサルが餌を独占するというルールを持っています。外からやってきたサルは一番下の順位に入るのが普通ですが、屋久島では一番強いサルを追い出して、トップの座を奪い取っていた。他の地域のサルと違ったのです。屋久島の自然群ではそれまでの定説と違うことが起きると知ったわれわれは、餌づけ群を中心にしていたニホンザルの社会の見直しを行いました。

アフリカへの思い

しかし、やはりニホンザルはヒトから遠い。次はもっと系統的にヒトに近い類人猿、つまりゴリラやチンパンジーの社会を研究して、人間社会の由来を知りたいというのが私の希望でした。われわれは家族という人間に特有な組織をもって生活しています。ところが動物は家族をつくらない。人間の家族はどうやってできたのかという謎を解くためには、人間に近く、家族的な集団をつくって生活しているゴリラを研究するのがいい。

当時はチンパンジーの研究をしている先輩が多く、ゴリラの研究をしている人はあまりいませんでした。それには、理由がありました。今西さんや伊谷さんも、かつてゴリラを研究するためにアフリカに赴いたことがありました。今西さんや伊谷さんがニホンザルの研究を始めてからちょうど十年後、一九五八年のことです。当時のアフリカのイメージは、「野蛮な原住民」が住む未開の地。つまり、白人の目から見た遅れた社会。ところが、アフリカへ渡った今西さんや伊谷さんは、全く異なる現実を目の当たりにします。アフリカは、立派な文化や社会を持っていたのです。

三回目の調査隊がアフリカに出かけた一九六〇年は、「アフリカの年」と言われ、多くの国が独立を果たした年です。けれども同時に各地で紛争が起きて、ゴリラの生息域が紛争地帯になってしまった。そのため日本の調査隊はそれ以降、唯一平和な地で暮らしていた類人猿であるチンパンジーの調査を進めることになったのです。ここに、類人猿研究のひとつの挫折がありました。

伊谷さんは、一九六一年から一九七〇年にかけてゴリラの調査を諦め、チンパンジーの調査へ転換したことを本に書いています。そして一九七八年になって、伊谷さんは私に、「君は体もデカイし、ゴリラに合っているんじゃないの」と、ゴリラの調査を提案してくれたのです。今西さんや伊谷さんがゴリラの調査から撤退して十八年が経っていました。こうして私はゴリラの調査を始めることになったのです。

ゴリラになったつもりで接近する

日本の研究者がゴリラ調査から離れている間、アメリカの研究者が餌付けではなく、人づけの方法で調査に成功していました。人づけとは、自分自身が対象動物になったつもりで、その動物とともに行動して動物を馴らす調査方法です。餌を使って野生動物の警戒心をゆるめて近づき、間近で調査する餌づけとは異なり、時間もかかるし大変です。ゴリラの場合、馴らすのには五年から十年かかります。毎日、ゴリラの群れに会いに行って、まず子どもと仲良くなる。ゴリラの子どもも人間に興味があるので近くには寄ってくるんです。でも、ちょっと恐い。後ろを振り返って、そこに大人のオスがいることを確認して安心すると、また少しずつ近寄ってくる。その繰り返しです。そんなふうにしながら、だんだんゴリラの群れに入れるようになるのです。ここまでいくと、ほんとうに素晴らしい世界が見えてくる。

アフリカでの調査を完成させたのが、アメリカ人のダイアン・フォッシーという女性です。彼女の人生は『愛は霧のかなたに』という映画にもなっていますから、ご覧になった方もいるでしょう。彼女は単身コンゴへ乗り込み、自分で小屋を建ててゴリラの調査を始めていました。私が、ゴリラの調査に行った頃には、ダイアン・フォッシーはゴリラと握手ができる関係にまでなっていました。

私は伊谷さんを通じてダイアン・フォッシーに弟子入りし、ゴリラの調査の方法を教えてもらいました。朝の四時半ごろに起きて、まだ暗いうちから自分で飯をつくって身支度をして、たったひとりでゴリラに会いに出かける。朝から晩までずっとゴリラにつき合って、暗くなったら帰ってきて飯をつくって食べて寝る。ほとんど人間と会わない生活です。私はそのときの状況を、「ゴリラの学校に入学したようなものだ」といつも言うのですが、実に幸福な時間でした。

毎日、いろいろな発見がありました。最初に論文にしたのは、ゴリラのホモセクシュアル行動についてです。これにはもう、びっくりしました。当時、私が調査をしていたのはオス五頭と、七歳になるメス一頭からなる群れだと、現地のスタッフから言われていました。ところが、あるとき、メスだったはずの一頭が実はオスであることがわかった。オス同士が、まったくオスとメスの交尾と同じような行動をしていたのです。

観察を続けていると、青年のオスと子どものオス、いろんな組み合わせで交尾のような行動が行われている。オスがオスを誘って、腰を振りながら射精までするという状況を確認しました。ゴリラは子供時代にホモセクシュアルな交渉を体験し、子ども同士、子どもと大人、大人同士、オスメスというふうに、やがて本当の交尾に至るプロセスをたどることがわかったのです。

見つめ合う関係

なぜゴリラのオス同士の遊びが性的な行動に発展していくのか。これについては、アフリカから帰国後も研究や調査を続けましたが、やがて、ゴリラの社会の仕組みに理由があるとわかってきました。その理由のひとつが、三番目の論文にした「対面交渉」です。私はこれを「のぞき込み行動」と呼んでいます。

これはゴリラが顔と顔を合わせる行為のことで、私自身、ゴリラから初めて顔をのぞきこまれたとき、それが何を意味するのかが全くわからなかった。日本でサルを研究していたときには、相手の顔を見るのは強いサルの特権で、サルが近づいてきて自分の顔を見たら、自分は喧嘩にならないように顔を伏せないといけないと思っていましたから、なおさらです。でも、顔をのぞき込むのは、実はゴリラ流の挨拶だったんです。ケンカをして、仲直りをする時にも、ゴリラは顔と顔を合わせます。

ニホンザルとは違って、ゴリラでは相手を見ることが威嚇ではなく、挨拶だったり、仲直りのしるしだったりと、友好的な合図を意味します。たとえば二頭のゴリラが喧嘩をしているときに、別の一頭がその間にすっと入ってきて、顔を近づけて相手をなだめる。そんな行動をとることがわかってきました。

勝つことと負けないことは違う？

伊谷さんが唱えた霊長類の社会構造の進化のモデルは、次のようなものです。

霊長類は、初めは単独で暮らしていたのが、昼行性から夜行性に変わるときにオス一頭メス一頭のペアになり、それから母系か父系の集団をつくるようになった。その集団に合わせるように、彼らの社会関係も、たとえばニホンザルであれば、あらかじめ個体の優劣を決めてトラブルを防ぐという社会的なルールをつくるようになった。あるいは類人猿と人間に特徴的なあまり優劣が明確でない、つまり顔をまともに見られるような社会もできてきます。威嚇をして、お互いの優劣をはっきり確認しあうのではなく、状況に応じて条件をつけながら平等性を持つ社会への変化です。

これを聞いて私は考えました。こういうふうに言い換えるとわかりやすいんじゃないか。「勝つ論理と構え」「負けない論理と構え」です。

「勝つ」ことと「負けない」ことは同じじゃないかと、思う人もいるかもしれません。ところが大違いなんです。

「勝つ論理と構え」というのはニホンザルの社会です。お互いの優劣をはっきり認め合って、弱い方が遠慮する。最初から勝敗が決まっているから、トラブルが起こりません。

ところが「負けない論理と構え」は、勝者も敗者もつくらない。これがゴリラの社会です。ただし、お互いに対立したら後に退きようがなくなってしまう。だからこそ仲裁者が必要になります。仲裁者は誰でもいい。お互いがメンツを保って勝敗をつけずに引き分けることができれば、うまく共存していけます。

サルの間にオス同士の性的興奮を伴う性行動が起きないのも、この優劣をつけるサル社会のルールが関係していると考えられます。劣位のオスが優位なオスに性交渉を誘いかけ、優劣ぬきで付き合うことはサル社会では起こりえない。反対に、ゴリラの社会では序列がなく、共感性も高いので、ゴリラが遊んでいるうちに性行動に発展する可能性がある。しかも、ゴリラは遊び上手です。性の世界と遊びの世界は紙一重といっていいでしょう。遊びに自分を変える要素があるのと同様に、性の世界も相手によって自分を変えたりします。遊びも性行動も、相手の気持ちをくみ取る能力がなければできませんし、上下関係がないからこそ、お互いの立場を変えることができるといえるのです。

「勝つ論理と構え」も「負けない論理と構え」も、共存のためのルールです。しかし原理がまるで違う。勝とうと思ったら、相手を屈服させなきゃいけないから、相手の恨みを買ったり、相手が自分を避けたりすることになります。でも、負けない論理のゴールは、相手を押しのけることじゃない。相手と友好的に共存することだから、相手を失いません。これを混同してはいけません。いま、日本人はそれを混同して使っているような気がします。

ゴリラとサルの違い

かつてゴリラは、暴力的な動物として西洋人から定義されていました。ゴリラがアフリカで発見されたのは十九世紀の半ばと言われていますが、その時、ゴリラは二足で立って胸を両手で叩いた。このドラミングという行為が、ヨーロッパの探検家に戦いの宣告だと誤解されてしまいました。ゴリラは暴力的で戦い好きな動物だと、百年以上も誤解され続けてきたのです。ところが、ゴリラの群れに入って調査をするようになると、ドラミングは戦いの布告ではなく、興奮や好奇心の表れだったり、遊びの誘いだったり、いろいろな意味を持つ重要なコミュニケーションであることがわかってきました。

ところで、チンパンジーもドラミングをします。チンパンジーのドラミングは、みんなの注目を一身に集めるためのディスプレイです。ある時気づいたんですが、ドラミングは歌舞伎の見得という構えに似ていませんか。歌舞伎の見得というのは、男の美しさの極致です。成熟したオスの美しさの極致を表現しようとして進化したドラミングという行動が、なぜか歌舞伎の見得に似ている。ということは、人間の社会でも、ゴリラやチンパンジーとよく似た男の美しさを期待しているのではないでしょうか。

というとちょっと言い過ぎかもしれませんが、そんな解釈もできるんじゃないか。おそらく社会というのは、そのようにつくられていくのではないかと思っています。

見つめ合う社会というのも重要なテーマです。ニホンザルは見つめ合うことができない。なぜなら強いサルが見つめたら、弱いサルはその視線を避けなくてはいけないからです。ところがゴリラやチンパンジーは、顔と顔を近づけて見つめ合うことができる。そこから何か特別なことが生まれるのです。

人間も対面行動をします。向かい合って相手を見つめることが威嚇になったら、とてもやっていけません。けれども、よく考えたらこれは不思議な行為です。会話は声に出されるものなので、とくに向かい合う必要はない。では、なぜわれわれは向かい合うのか。そう考えて、こんな事実に気がつきました。サルと人間では、目が違うんです。

人間の目には白目があって、テーブルをはさんで向かい合うような距離で相手を見たときに、相手の目の動きから気持ちを察することができる。ゴリラがあれだけ顔を近づけるのは、白目がなく、目の動きで相手の気持ちをモニターできないからです。逆に人間は、ちょっと距離を置いたほうがいい。目の動きによるコミュニケーションを、人間は言葉を発達させる前から持っていたのではないでしょうか。

研究避難民という試練

さて、ゴリラの話になると止まらなくなってしまいますが、今日は学問的な話ではなく、私の人生の話をしようと思って来たんです。話を戻しましょう。

ゴリラの生息域は、その後どんどん紛争地帯になっていきます。生物多様性の危機が叫ばれている場所は、ほとんどが紛争地帯です。資源がある豊かな場所は、人間同士が争う場所でもある。ゴリラの生息域もそうです。内乱がはじまり、森林伐採が行われ、どんどん木材や地下資源が運び出されます。地下資源をめぐって紛争が起きます。その繰り返しです。

私の師匠であったダイアン・フォッシーは一九八五年に惨殺されました。犯人は見つかっていませんが、背景には地元の人たちとの対立があったとされています。ゴリラの保護に厳しくあたっていた彼女は、当時、横行していた地元民による密猟を嫌い、現地の黒人がゴリラに近づくことまで禁じていました。ゴリラが黒人に馴れてしまったら、密猟者と観察者の見分けがつかなくなり、密猟の犠牲が増えるのではないか、というのが理由です。それで地元民とのトラブルを抱えていました。フォッシーの考えは理解できましたが、地元の住民をないがしろにする研究の仕方には、私はとても賛成できなかった。事件を知ったときに私はものすごく悩みました。調査に対するそれまでの生半可な考えを改めなきゃいけない、これは転機だな、と思いました。

ダイアン・フォッシーが非業の死を遂げた場所では内乱が続いていたので、調査は継続できません。新しい調査地は、ゴリラとチンパンジーがいる場所にしようと思いました。そしてダイアンの悲劇を繰り返さないためにも、地元の研究者と調査をしよう。ゴリラを保護できるように地元の人たちの意識を高めて、彼らと一緒に研究と保全を両立させながら活動しようと決めました。

初めてゴリラを間近で調査したのはマウンテンゴリラでしたが、それからヒガシローランドゴリラへ。やがてその生息地も紛争地帯になって、ニシローランドゴリラへ。「研究避難民」という言い方が正しいかもしれません。今はヒガシローランドゴリラとニシローランドゴリラ、両方の研究を続けています。

さて、ゴリラの生息地が紛争地帯になってから、私は日本に帰ってきて最初の職を得ました。三十歳のときです。日本モンキーセンターのリサーチフェローという肩書きで、研究だけではなく、博物館で学芸員の仕事をしたり、動物園で飼育員と一緒にサルや類人猿の世話をしたりと、いろいろな仕事をしました。ここでの五年間の経験は、その後の人生にとってとても重要なものになりました。それから、私はニホンザルとゴリラの間を往復するようになります。

屋久島への恩返し

ニホンザルにも、問題がありました。ニホンザルは生息地をどんどん荒らされて人里へ下りてくるようになり、猿害が起こります。地元の人たちとサルの生存をきちんと保障すべく、協力しあわなくてはいけない。そのためには、われわれの研究成果を地元にお返しするのが一番だと思い、まずニホンザルについて調査でわかったことを屋久島で展示しました。猿害によるニホンザルの捕獲数が日本全国で増え続けたため、サルが畑に侵入しないよう電気柵をめぐらして、サルを脅すような装置を鹿児島大学と京都大学で考えもしました。一九八五年には、地元の若者たちと一緒に「あこんき塾」という自然観察学習塾をつくって、活動をはじめます。「あこんき」とは、地元の言葉でアコウの木（亜熱帯性の照葉樹でイチジクの仲間）を指します。この木は巨木に成長するのですが、人間の役には立ちません。建材としても炭焼き用にも利用できない。しかし、大地にしっかりと根を這わせて大空に枝を広げるアコウは、雨の多い屋久島のもろい地盤を支え、台風から家を守る大切な役割を果たしてくれています。どんなに役立たずと思われたものでもどこかで立派な役を果たしてくれる。そんなことを教えてくれる木という意味でつけた名称です。

一九九〇年には国際霊長類学会大会に参加した研究者たちを屋久島に招待して、国際的な保護団体に所属している人たちにも来てもらい、屋久島の素晴らしさをアピールしました。その結果、九三年に屋久島は世界遺産地域になったのです。それまで特別保護地域として認められていなかった海岸林も含めて、西部域の標高〇メートルから標高約二〇〇〇メートルまで、すべて世界遺産地域として認められました。サルが海岸線から山頂部まで移動できるよう、自然環境が保護されたということです。屋久島には樹齢七千年にもなる屋久杉があって、それを守るために世界遺産地域に指定されたと思っておられる方が多いようですが、それよりも遺産地域の条件に、屋久島の垂直分布、つまり海岸林から山の頂上までの植生を残す必要があると謳われていることが、重要なんですね。この動植物の垂直分布を中心とした屋久島全体の生態系の価値が、世界的に認められたことに意義があるのです。

ところが、この直前に鹿児島県は島西部に大型バスが通れる舗装道路をつくる計画を発表していました。県は「これは地元の人たちの悲願です」と言うのですが、本当でしょうか。そこで、われわれ研究者が地元の人たちと何年にもわたって話し合った結果、道路工事計画は凍結されることになりました。すると今度は、道路工事がストップしたのだから、地元の長から、地元の自然を損なわない形で利用する方法を考えてほしいと依頼されたのです。考えてみれば当然です。われわれが提案したのは「屋久島オープンフィールド博物館」です。簡単にいえば屋外博物館で、ハコモノではない、屋久島の自然と島の文化を研究して保全し、それを世界へ広めていこうという考えに基づく構想です。今でこそエコ・ツーリズム、エコ・ミュージアムは広く知られていますが、当時としては画期的で、地元の人たち主導で行う自然観察やありのままの自然の姿から何を学び、将来にどう活かすかという様々な取り組みは、住民・行政・研究者が広く参加する「屋久島方式」として、日本だけでなく世界各国のお手本になっています。

こうした活動と同時に、世界の研究者たちにこの島の自然を紹介しようと、屋久島とその他のニホンザルのフィールドとを比較した研究成果も英文の学術誌で報告しました。暖温帯照葉樹林の屋久島、冷温帯落葉樹林の金華山と、まったく植生の違うふたつの地域でニホンザルの生態を比較し、それにどういう意味があるのかをきちんと討論したうえで論文にしました。

これらの活動に、日本モンキーセンターでの学芸員や、動物園での子ども向けの仕事がとても役立ったことは言うまでもありません。

経験を活かしてアフリカに戻る

そして私は、屋久島でのこの経験をもって、再びアフリカへ行くことになりました。私がゴリラの調査をしてきたカフジ山は、屋久島より十三年も前に世界遺産になっていました。カフジと屋久島との共通点を探したところ、驚いたことにどちらの地域でも、すでに忘れられかけている現地語によってさまざまな地名がつけられていることがわかりました。その土地には、昔の人たちにとって意味のある自然資源が眠っていたのです。屋久島とカフジの共通点は、山があり森があるだけではなく、その森が人々に幸をもたらす源泉であったこと。それは西洋的な「管理する森」ではなく、「共存する森」だったのです。これは大きな発見でした。

そこで一九九二年には、ポポフというNGOを現地で立ち上げました。これは欧米主導の保護団体ではなく、現地主導の保護団体です。ポポフというのは、ポレポレファウンデーションの略で、ポレポレとはスワヒリ語で「ぼちぼち」「ゆっくり」という意味。急がずにやっていきましょう、という思いをこめました。

まず、ゴリラを見たことがないという現地の子どもたちに、ゴリラを見せました。地元の人たちによって、ゴリラのモニタリングもはじめました。内戦の結果、ゴリラの孤児が保護されたらそれをみんなの手で育てることにしました。環境教育の学校もつくりました。近くにあった研究所の研究者たちが入れ代わり立ち代わり子どもたちを教えるようになり、二〇一二年にはついにポポフ二十周年を地元の人たちと迎えることができたのは、本当にうれしいことでした。

現地の人たちを屋久島に呼んで、屋久島の人たちとともに、将来自分たちは何をしたらいいのか討論するシンポジウムも開きました。当然、言葉は通じませんから、ポポフのメンバーたちは絵を描いたり——彼らは地元ではアーティスト活動をしているのです——、音楽祭に飛び入り参加して踊ったりして自分たちの思いを伝えました。屋久島の森をみんなで裸足で歩いて、屋久島の森とアフリカの森が自分たちの肌感覚でつながっていることを確認したのです。私にとっても大きな体験でした。

自然を見つめることで乗り越えられる

二十一世紀は、ますます世界が危うくなっていく時代だと思います。紛争と調整の時代といってもいいかもしれません。私たちが体験してきた豊かな自然が、人々の争いによって失われようとしています。しかし、だからこそ人と人が手を取り合う方策を考えなくてはいけない。そのとき、自然というものが大きなきっかけになると思います。

アフリカでも、対立している民族が一緒にゴリラを見に行くと、自分たちが人間として似ていることに気がつきます。そして、「ゴリラの前に立つと自分たちは同じ人間じゃないか。こんな対立はやめよう」と思ってもらえたら嬉しい。ゴリラが平和のために大切な役割を果たしてくれると信じています。

私たちはゴリラによって、一頭一頭がそれぞれ個性を持った生き物であることを知ると同時に、人間と同じ進化の歴史を持っていることに気づかされます。そして、ゴリラが森の動物たち、植物と共に生きているように、われわれ人間も自然と命がつながっていることを実感できます。その中に自分の進化の縁を見つけることができれば、人間は紛争を起こさず平和な暮らしを模索できるのではないか。少しでもそういう活動に携わっていきたいと、私は今も思っています。自分のやってきた活動を自分の将来に生かすだけではなく、自分の思い描いている社会を実現させるために自分の経験を生かしたいと考えているのです。

この半世紀にわたって、サルとゴリラから学んだことをお話ししました。色々と挫折もありましたが、挫折によって新しい目を開くことができた。その意味で、自分の挫折体験にも感謝しています。

■対談

おもろいこと、やろうじゃないか

山極壽一×永田和宏

永田　たいへん興味深いお話をありがとうございました。時間が足りなくて、もっと聞いていただきたかったくらいです。山極さんはご自身でも「ゴリラのストーカー」と言っておられますが（笑）、山極さんとゴリラの関係で、私が好きなエピソードがあるんです。ジャングルでの調査中、雨が降って来たので木の洞へ入って雨宿りをしていたときのことです。タイタスという名前をつけた六歳ぐらい、小学一年生ぐらいのゴリラの男の子がやってきて、山極さんのそばに潜り込もうとした。ところが洞が狭くて入れないので、正面からのしかかるように抱き着いてきて、そのうち子どもだからそのまま寝ちゃったんですね。山極さんが書かれた本（『「サル化」する人間社会』集英社インターナショナル）の中で、この話がとても印象に残っています。どのくらいの間、そうしていたんですか。

山極　一時間くらい一緒にいました。ゴリラの年齢は人間の二倍ですから、あのときのタイタスは、小学校一年生ぐらいではないんですね（笑）。六歳だと中学一年生ぐらいでしょうか。しかも体重は僕よりよほど重くて、八〇キロぐらいはあったと思います。

永田　それが膝の上に載っていると。

山極　ええ、僕の肩に顎が載っているのでまったく身動きができない。一度寝たらゴリラはしばらく起きないとわかっていましたから、諦めて身体検査をしていました。手はどのくらい大きいのかと広げてみたり、脂肪がどのくらいあるのかと皮膚をつまんでみたり……（笑）。ゴリラは人間よりも体温が高いので、もわっとして生あったかい。肌を接していると、心臓の鼓動まで聞こえてくるんです。だから一体感があって、じつに幸福な気持ちになりました。まぁ、こうしてきちんと言葉にして言えるようになったのは、後からのことなんですが。

永田　テレビドラマでも何でも、いいところで終わってしまって、後が描かれないですよね。そのあとに何が起きたかを知りたいなぁと思って。どうなったんですか？

山極　まぁ、雨が止んだのでスッと離れて。

永田　手も振らなかった？（笑）

山極　ゴリラってね、そのあたりすごくあっさりしている（笑）。ベタベタしないんです。

永田　この話には後日談があります。二十六年後、山極さんがアフリカを訪れて、タイタスに会いに行きました。はじめに行ったときは、さすがに山極さんも年を取っていたせいか、向こうも思い出してくれなかった。けれど二日後にもう一度会いに行ったら、まっすぐ向かって来て山極さんをじっと見た。そのときの記述が素晴らしいんです。山極さんがゴリラ語であいさつをすると、タイタスもそれに答えたというんです。そして、「タイタスの目は好奇心に燃えているときのように金色に輝き、顔つきは少年のようになり、目がくりくりとしてきました」。そのうち、土の上に仰向けに寝っ転がっちゃったんですよね。

山極　年をとったゴリラにとって仰向けに寝ることは、お腹が大きくて体も硬くなっているからきついんです。だから普通はしない。おそらくタイタスは、私に対して子どもになって見せたのでしょう。それから、近くにいた子どもを捕まえて取っ組み合って遊びはじめた。大人になるとゴリラはあまり笑わなくなるんですが、そのときのタイタスは子どものように、大口を開けてゲタゲタ笑っていた。いや、これはすごいと思いました。まったく子どもの頃の彼に戻っていたんです。

永田　いいですねえ。その話を読んだ時は感動しました。ゴリラにも思い出ってあるんですね。

山極　人間の思い出し方とは違うようですね。頭の中で「ああだったよな」とイメージが湧くのではなく、全身で昔に戻るというのが彼らの思い出し方なんでしょう。

自然はベタベタしない

永田　でも山極さん、そもそもの話で恐縮ですが、このタイタスも含めて、ゴリラとの間に友情は感じられるものでしょうか。

山極　もちろんです。友情をどう定義するかにもよりますが、親しみを持つということですね。

永田　自分の友情とゴリラからの友情というのは、同じレベルにあると思いますか。

山極　いえ、同じレベルということはないでしょう。人間はベタベタしてしつこいところがありますが、自然はもっとあっさりしている。好きな相手がいても、しがみつかない。こだわらないんです。何かあったら別れちゃうし、別れている間はすっかり忘れています。でも、再び会うと「おおっ」という感じになる。そのあっさり加減が、私はいいなと思っているわけです。人間ってこだわりますよね。「あいつはきっと俺のことを信じてくれているはずだ」などと思い込んで、信頼を態度で示さないと裏切られると思ってしまう。

永田　自分の思い入れが強すぎるんですね。

山極　相手に期待しすぎるんでしょう。自然のつきあいというのは、もっとあっさりしています。

永田　それは自我の問題とも関係してくると思うんですが、思い入れを持つということは、すなわち自我があるということ。ゴリラには自我はないのでしょうか。

山極　自我の持ち方が違うということでしょうね。人間はひとりでは生きられない。他人が自分を定義することになります。

永田　そう、それが大きな問題ですね。

山極　他人から見た自分が自分なんです。だから、どう見られるかということをいつも気にしている。ゴリラにはそれがありません。個人主義です。

永田　背中が白銀色になった大人のオスをシルバーバックと呼ぶそうですが、群れの長で皆のお手本でもあるシルバーバックなどは、自分がどう見られているかを意識しているのではないでしょうか。

山極　意識はしているでしょう。でも、そのように振る舞うとは限らない。人間は他人に期待されているように振る舞いたがるところがあると思うんです。ゴリラのオスは見られているのはわかっているけれど、メスや他の子どもたちが期待しているように振る舞うかどうかは、わからない。

永田　見られているのはわかっているけど、「俺はこういうふうにしか振る舞わない」というのも、自我じゃないですか？

山極　もちろん、そうです。そういう自我なんですよ。われわれ人間は、他者を気にしすぎる。

永田　そうですね。

山極　僕は今までたくさんゴリラのオスを見てきましたが、彼らは相手を惹きつけることに執着して、自分が振舞うことについてきてくれるかどうかだけを見ているんです。そのために、胸を叩くドラミングという動作を効果的に使うんです。

ゴリラは相手の言うとおりにしたくない

永田　山極さんのお話を聞いていると、聞きたいことが次から次へと出てきます。先ほどのタイタスの思い出はいいものでしたが、ゴリラに嫌な思い出というのもあるんでしょうか。

山極　そういう場面を僕は見たことがありませんが、動物園にいるゴリラは、前にいじめていた人間を覚えているそうですよ。ゴリラに手話を教えたパターソンというアメリカの心理学者の報告によれば、手話を覚えたココというメスゴリラは、かつていたずらをした男性を、「ダーティ」という手話で語っていたそうです。そういう嫌な感情は持続するんだと思います。

永田　そういえば手話で人間をからかったゴリラも、ココでしたね。

山極　「からかった」というのとはちょっと違うんですが、同じココです。

永田　白いハンカチを見せているのに、ココは「赤い」と言い張る。なぜかと思ったら、そのハンカチの端に赤い糸がついていたという。

山極　ココは質問の意図はわかっていたけれど、まともに答えなかった。それがゴリラ的な感性なんですよ。

永田　すごいですねえ。

山極　意地っ張りで意地悪（笑）。それで僕は気づいたんですが、相手の言うとおりにするのは、相手に従うということですね。相手の下に立たないと、相手の言うとおりにはできません。そういう感性がゴリラにはたまらないんです。そんなこと、できない。だから、ゴリラに何かを教えることは難しい。

永田　それは、相手をからかっているという感じではないんですね。

山極　ええ。もし、相手が自分の言うことを聞かせようとしたら、ゴリラは逆に、自分が上に立とうとする。相手がやったことと違うことをして、はぐらかして、自分から仕掛けていくのがゴリラの好きなやりかたですね。

永田　今、うちに三歳の女の子がいるんですが、まぁ、世間的には孫というらしいんですね（笑）。私が何か尋ねても、まともに答えてくれずに、まったく違うことを言う（笑）。これに近い感じかな。

山極　人間の子どもは、チンパンジー的な感性とゴリラ的な感性の両方を持ち合わせていると思います。チンパンジーは相手の気持ちを乱すことが大嫌いなので、相手に喜んでもらおうと、一生懸命、相手に合わせようとする。だから何かを教えやすい。ゴリラ的な相手に従いたくない感性とは違うんですね。

永田　そうすると、ゴリラは競い合いながら社会的優劣をつけるということでしょうか。

山極　優劣をつけるというより、お互い主張し合うということです。そして、勝敗を決しないで共存する。彼らにとっては、メンツが大事なんですよ。われわれ人間もそうです。とくに子どもはものすごくメンツを大事にする。そのことを、われわれ大人は忘れているんじゃないでしょうか。だから、親は子どもが負けたときに、「おまえ、負けて悔しいだろう」と言いがちですが、子どもにとってメンツを失うことはとてもつらいんです。明らかに競争に負けたときでも、「自分の力を出し切れなかった、条件が悪かった」などと言い訳をしますね。それもメンツを失いたくないからです。親は、それをわかってあげる必要がある。

永田　よく親は「言い訳するな」と言いますが、子どもは言い訳をして当然なんですね。

山極　そうです。逆に、勝つと仲間が離れていくということも、おそらく本能的に知っている。だから、オリンピックのメダリストたちは驚くほど謙虚です。自分が勝って嬉しいのはもちろんですが、一方で、自分が打ち負かした相手がいることもわかっている。あるいは自分の陰で、栄光の舞台に立てなかった人がいることも知っている。そういう人たちから恨まれたくないという気持ちを、本能的に持っているのでしょう。「金メダルをとれたのは、みなさんのおかげです」という彼らの言葉に、その気持ちが表れているように思います。

「おもろい」と「おもしろい」は違う

永田　さて、今度山極さんが京大の総長になられたのは、京大のためには、もちろんとてもいいことですが、それだけではなく日本の大学のためにもとてもよかったと思っています。今回、いろいろな構想を打ち出しておられる中で、「おもろいことやる大学にしたい」というのがありますね。これ、なかなか言えそうで言えない言葉ですが、「おもろい」と「おもしろい」は、どう違いますか。

山極　ニュアンスが違います。「おもろい」というのは、やったことや提案したことに対して他人が言ってくれることで、「おもしろい」というのは、自分でやったことに対して自分で言う言葉なんです。

永田　ああ、確かに。うちのラボの人間がこんなふうに書いているのを見つけたんです。ラボで新しい研究テーマを選ぶとき、ボスが「それ、おもろいやんけ」といったら、大体採用されるんだそうです。ボスというのは私のことらしいのですが（笑）、標準語の「おもしろい」とは似て非なるものなんですよね。おもしろいというのは、自分が思うこと。おもろいというのは、相手に開かれているおもしろさ。「おもろいやろ、だからいっしょにやろうやんか」ということじゃないでしょうか。

山極　ええ、そうですね。今回、私が「おもろいことやりましょう」と宣言したあとに、大先輩から「山極くん、関西弁でおもろいいうのはな、もうひとつ言葉が続くんや」と言われました。それは、「ほな、やってみなはれ」（笑）。これはまさに支持の表明です。そうやって今西さんや伊谷さんも、きっと研究資金を得てきたんだろうと思います。

師の存在

永田　おもしろいからやろう、と誘っているわけですね。そういう気風というか雰囲気があったから、資金も集まった。では、山極さんの直接の師である伊谷さんは、どんな方でしたか。以前、読んだ本に、伊谷さんは「草原の機関車」と呼ばれていたという記述がありましたが。

山極　「ボワナモシ」と現地の人から呼ばれていたんです。ボワナというのは「旦那」という意味、モシは煙のことです。蒸気機関車が煙を吐いて走っているみたいだから、そういうあだ名がついたみたいですね（笑）。

永田　いつも煙草をふかしながら歩いていた？

山極　そうです。でも伊谷先生は、とても地味な人なんですよ。僕が初めて研究室にお邪魔した時、先生が見当たらないから二階に上がったら、そこにもいなくて。後で、初めに挨拶をした用務員さんみたいな人が伊谷先生だったとわかった（笑）。でも、弁舌をし始めたら非常に鋭いというか、常に理路整然としたことを言われました。怖かったですよ。

永田 私の先生は京大の結核胸部疾患研究所の教授になられた市川康夫先生というんですが、彼も最初に会ったとき、まさにそんな感じだったなぁ。夏だったんですが、研究室に訪ねて行ったら、培養室から汗をいっぱいかきながら、ステテコで出てきたおっちゃんがいた（笑）。あれにはびっくりした。ところで、山極さんにとって、師はどんな存在でしたか？

山極 権威ではなくて、矜持を教えてくれる存在でしょうか。矜持というのは難しい言葉かもしれませんが、姿勢とか構えとかいう意味で、研究とは何か、何をしてはいけないかを教えてくれる存在だったという気がします。僕らフィールドワーカーは、今でこそ学生を現地に連れていきますが、自分たちの頃は先生は決して一緒に来てはくれませんでした。僕らは自分ひとりで、研究地域に出かけたわけです。そこでいろいろな出来事に出会うたび、師匠の顔を思い浮かべる。そして、「伊谷さんだったらこうするだろうな」と考える。それが「矜持」の指し示すところと言ったらいいでしょうか。先生が実際にやってみせてくれなくても、僕らには伝わる。そこまで感性で訴えることができる存在が師匠ですね。

永田　僕は学生たちに、せっかく大学に入ったのだから、誰かひとり先生と思える人を見つけろと言っています。そもそも、今回この「マイ・チャレンジ」という企画をはじめたのは、今の若い人たちが、「この人のもとで何かやりたい」「この人みたいになりたい」という憧れから遠いところにいる気がしたからです。偉い人はたくさんいるけれど、自分とは全く違う世界の人だと思っていて、その人に近づきたいとか、その人から何かを身につけたいとは考えない。別世界の人だと思ってしまうのは、あまりにも残念だと思ったんです。

山極　それは、われわれにも責任があると思っています。とくに自然科学の世界では、私の師匠の伊谷さんも、今西錦司さんも、河合雅雄さんも、その時その時で本を書いています。それを読めば、彼らが自分と同じ年代だったときに何を思い、何をしたかが克明にわかる。気持ちもわかれば、経験もわかる。でも、今の自然科学者たちは、日本語の本を書かずに英語の論文ばかり書いています。研究成果は出るかもしれないけれど、彼らが何を思い、どう行動したのかが伝わってこない。

永田　そのとおりですね。とくに実験科学者は日本語の本を書いている暇があったら論文を書けと言われたものです。そうしないと、研究費がとれないという現実もありました。日本語で縦書きの本を書くのは研究者としては失格だ、というような強迫観念がありましたね。でも、これからは若い人たちに向けて、自然科学というのがいかに魅力的な世界であるかを知らせていくべきだと思っています。

山極　そうですね。しかも、日本語で本を書くということは、社会に対する責任を明確にすることでもあると思うんです。今の論文至上主義では、自分の狭い分野の中での成果を出して、特殊な言葉で表現すればそれでいいということですね。僕は若いころからバカみたいな本をいっぱい書いてきましたが、とかく研究者というのは世間に何をやっているのかが見えにくい。でも、社会に還元できるような研究成果がないわけではない。それを示すには一般の人に向けて本を書くのが一番なんじゃないでしょうか。そういう本を、違う分野の人に読んでもらうことも必要です。

それに論文では生き方までは伝わりません。師の存在はロールモデルの話でもあると思いますが、僕は若い人たちが必ずしも自分がなるべきモデルをつくる必要はないと思っています。全く違う分野の話でもいいから、何か自分が共感できるような経験に出会えると、それがひとつのステップになる。ひとりの人間じゃなくていいから、いろいろな人たちからチャレンジのきっかけをもらえば、自分のなりたい将来の姿を、ある程度思い描けるようになるはずです。けれども今の時代、それがなかなか見当たらないのが問題ではないでしょうか。

永田　私自身、「自分の先生だったらどうするか」と考えられるのは、今でも安心につながっているところがあると感じます。

山極　自分が間違わない指針を与えてくれた存在ですね。ただし、師匠に全幅の信頼を置いているわけではないんですよ（笑）。したたかな先生でもあるし、嫌なこともあるし、「こんちくしょう」と思うことだってあった。それでも信頼感は持続している。師匠の存在が反面教師であってもかまわないのかもしれませんね。

人間の「白目」は何のため？

永田　山極さんは対話の重要性を説いておられますね。先ほどの白目を持つのは人間だけというお話はとても面白かったんですが、それと対話との関係を、もう少し詳しく教えてください。

山極　皆さん、相手の目の動きを見て自分がどんな判断をしているか、自覚したことがあるでしょうか。「こういう目だったらこういうふうに判断しなさい」と教わったことはないでしょう。教わらなくても、自然に判断していますよね。おそらくこの能力は、あらかじめ人間が持っている能力だと思います。人間が言葉を使い始める前から備わっていた能力だから、根が深い。人間が言葉でコミュニケーションをとる以前は、目で意思疎通をしていたのではないか。それがゆえに、今の時代、対面して会話をする機会が減っているというのは危機ではないかと思うんです。

永田　たしかに最近、こちらがしゃべりかけても、相手がまっすぐ向いて答えてくれない場面によく出くわします。講義でも、「これ、どう思う?」と投げかけても、学生がこちらを見ないで答えていることがある。直接見られたくないというのかな、メールやインターネットの世界に慣れてしまって、面と向かって意思表明をしたり、感情を表したりするのを躊躇する癖がついているのかもしれません。

山極　よく子どもに「人をじろじろ見ちゃいけません」と言いますが、視線というのは暴力にもなります。どういう場面でどのように相手を見たらいいのか、そういう「視線の作法」は、経験を通じてしか学びようがない。インターネットの画面に向かい合っている時間が長すぎて、その作法を学ぶ機会を逸しているということもあると思います。

永田　それとは逆になりますが、われわれは幼いころから、ひとりになることをあまりにも怖がりすぎてきたのではないかという気もします。山極さんね、京大の生協食堂に「ぼっち席」ってあるのを知っています？

山極　うーん、この頃あまり生協に行かないからなぁ（笑）。

永田　私も驚いたんだけど、ひとりで飯を喰っているところを他人に見られたくない、ひとりで食事するのは恥ずかしい、という気持ちが強すぎるんですね。だからテーブルに衝立があって、他人の視線をさえぎるようになっている。たしかに、若い人たちがひとりでいることに恐怖感を持つのは無理ないな、とは感じます。小さいころからお友達をつくりましょう、ひとりになってはいけませんと言われながら育ってきたせいでしょうか。でも、大学生になってまでひとりを怖がるのは問題です。

山極　生まれたときから携帯電話がある世代にとっては、自分が本当にひとりになった経験がないんですね。目の前に人がいなくても、携帯電話があればつながっている。何か感じたら、携帯かメールで連絡したり、インターネットにアップしたりすれば、すぐに反応が返ってくる。ネット環境を大事にするあまり、目の前の関係を大事にしなくなっている気がします。

私が危惧するのは、普段親しいと思っている人が自分を裏切るかもしれないという不安があるのではないかということです。その結果、あまり顔を合わせない人のほうが信頼できる、親や兄弟より信頼できる人が別のところにいるという感覚が生まれて、不確かなヴァーチャル空間が信頼のネットワークに広がっていないだろうか。これは、人間が言葉やシンボルを持つことで、コミュニケーションが遠距離化していることの弊害かもしれません。ゴリラと会っていると、とくにそう感じるんです。ゴリラは何を考えているかわからないけれども、まったく裏が感じられない。岩のような態度、とでもいうのでしょうか。二面性が感じられないんです。

永田　ああ、ゴリラがうらやましいですねえ（笑）。人間同士の関係では、相手のいいところだけを見ていたら成り立ちません。ネットでは言いたいことだけを言って、聞きたいことだけを聞くことができるけれど、対面する人間関係では、その人の嫌なところも全部引き受けなくては成り立たない。家族なんかでもそうですよね。家族でも、連れ合いでもいいけれど、結構、面倒くさい存在ではある。居てもらわないと困るし、居てくれることはとてもありがたい。私のように連れ合いを亡くした人間は、切実にそう思うのだけれども、居れば居たで、やっかいなことも当然あるわけで、人間関係というのは、本来、そういう面倒な部分を全部引き受けてあるはずなんですね。

けれども、ネット社会が典型ですが、自分はいい部分しか受け入れたくないというメンタリティが強くなっているような気がするんです。

山極　ネット環境というのは、もともと中心がないものです。だから、そこでの人間関係は参加しやすく、抜けやすい。階層性を持たないので、上下関係がなくてフラット。誰もが対等につきあえるのが、ネットの大きな利点です。けれども、「何かやろうぜ」となったときに、信頼できる仲間として確認できない。だから、ネット上での人間関係は過剰な期待をしてはいけないものなんです。面と向かってつきあう関係は、参加するのも手続きがいるし、一度、関係ができたらなかなか裏切れない。その違いを、しっかり自覚すべきですね。

永田　つまり、ネット環境のメンタリティは現実社会では通用しない。このふたつの社会を、きちんと棲み分けなきゃいけなくなっているんですね。

山極　賢く使い分けるべき時代だと思います。もはや言葉のないコミュニケーションはありえないし、インターネットのない環境も考えられない。そこで忘れてはいけないのが、人間にとって幸福な環境とは何なのかを考えることです。新しくわれわれの目の前に登場した技術は、それが一〇〇%になるべきものではない。われわれが進化の間、何百万年もかかって築き上げてきた方法を大切にしながら、新しい技術をうまく役立てれば、われわれはもっと幸福になれると思うんです。

そもそも技術というのは、われわれに幸福をもたらす手段だったはずです。なぜ人間を不幸に陥れるのか。おかしいですよね。幸福な使い途があるはずなんです。それは、新しいことに飛びついて、スクラップ&ビルドでそれまで使っていたものを捨ててしまうから、幸福がどこかへ行ってしまうんだと思います。

永田 今、若い人たちの間でアナログ盤のレコードが流行っているそうですよ。レコードの音色の柔らかさみたいなものが見直されていて、ここ数年で売り上げがものすごく増えたそうです。どこかで置き忘れたものに気づいて、行ったり来たりすることも必要なんじゃないかと。

山極 農業も見直されてきているようですね。手作りでいい野菜をつくって、人に分けたりして。もらった人はお金ではなく、モノで返す物々交換です。コンビニやスーパーで安く買うのではなく、時間をかけてつくったものを、時間をかけて人と交換する。そういう価値観が浮かび上がり始めていると思いますね。

ダイアローグの大切さ

永田　山極さんがそうした対話の重要性を説かれる背景には、大学に入って三回生のときに作った人類生態学の自主ゼミの影響があるのではないでしょうか。自主ゼミは、われわれの時代の産物なんですが、山極さんのその後の活動と自主ゼミとは、どんな関係をもっていたと思われますか？

山極　自主ゼミとは、当時、学生運動の影響で講義がなかったことから生まれた副産物です。自分たちが学びたいことを自分たちで決め、自分たちで進めていく。それをよしとする風潮が——今でも京大にはありますが——僕らの時代にはとくに多かった。学生たちが集まると、どういう本を読みたいとか、どういう人を呼んで話を聞きたいとか、話はいろいろな方向に行くわけです。そのときに重要なのはディベートではなく、ダイアローグにすること。つまり、どちらが正しいか、どちらが勝つかということが重要なのではない。勝ち負けを目的とせず、お互いを高め合うような議論をするということです。しかも、話がどんどん外れていくのは大歓迎です。脱線こそ望むところだ、という議論になれば楽しいですね。

永田　僕はサイエンスをやっていて、端的に言って何がいちばんの喜びかというと、人と議論することです。今は学生たちが出してきたデータを見ながら、ああでもないこうでもないと議論するのが至福の時間。無駄な話も含めてね。これがなかったら、もう研究者を辞めているんじゃないかと思います。今の大学のカリキュラムは、高校までのカリキュラムと同じようにどんどんタイトになってきて、早くから専門科目に入っていくという問題があります。教養教育がなくなったことで日本の大学は堕落したと、私は思っているんですが。専門の役に立つ知識がますます重要視されて、かっちりとカリキュラムが決まって自由なことができない。そういう傾向が強くなってきているという印象があります。

山極　ある意味で、基礎や教養の裾野が広くなってきていることは確かで、学ぶことが増えている面があるかもしれませんね。でも、学生の側から好奇心と知識欲がもっと旺盛に出てきてもいいんじゃないかと思っています。

今、大学教育というのは知識を蓄積するためのものではなくなっています。図書や講義の代わりにインターネットがあって、昔とは違って楽に知識を得られる。なんでも検索すればいいから、人に聞く必要もない。でも、どうしたってインターネットで得られないものがある。
　それは、考え方です。知識をどう使うか。どうやっておもしろいことを見つけ出すか。もっと旺盛に好奇心や知識欲が出てきてもいいんじゃないかと思っています。それは人と話をしなければ身に着かないし、おもしろさがわからない。
　もうひとついえば、文字やシンボルだけではわからない、体を使わなくては得られないものがあります。実験がそうです。フィールドワークがそうです。文化を知るということもそうです。文化というのは、頭で理解してもわかったことにはならない。実際に服を着たり、行事に参列したり、人と一緒に共同作業した中で、「あ、こういうものなんだな」って、わかってくるものなんです。

永田　そうですね。大学の講義の意義もそこにあるといえます。教科書を読んだほうが知識は身に着くけれど、講義でしか触れられないものがあります。それに講義では、学問の最前線を知ることができます。先生がちらっとでも、「まだこの部分についてははっきりしたことがわからない」と伝えれば、学生は「おっ、こんなこともわかっていないのか。ならば俺が解明してやろう」となる。

山極　わからないことが何かを知る、ということですね。僕は大学院生にはいつも、学会に行けと言っています。論文に書いてあることは、往々にして十年前にわかったことです。でも学会に行けば、その人が今、何を考えているか聞けます。聞くことでインスピレーションが得られるのだから、こんなに大事な機会はない。そうした場で、先生と話すだけではなくて、友だちと話すことも大切ですね。見知らぬ人とだって、素晴らしいものが得られるかもしれない。そんな素晴らしい環境に自分がいるんだということに、学生はもっと自覚的になってほしいですね。とはいえ、僕自身、当時気がついていたかどうか。卒業してから、「ああ、もったいないことをしたな」とよく思います（笑）。

永田　そうですね。だから僕の研究室では、学生が来たらいつでも会うと言っています。山極さんも総長になられてお忙しいと思いますが、学生が来たら時間をつくってあげるんじゃないですか？

山極　約束はしませんけれど（笑）。

永田　では、名残惜しいですが、最後にお聞きしておきましょう。山極さんは、いまの大学生たちに何をいちばん望みますか。

山極　自分の人生を振り返ってみると、つねに他人にできないことをやろうとしてきたと思うんですね。自分にしかできないことを探そうと思ってきました。それはある程度、実現したようにも思うし、あのときこうしておけばよかったなと、思うこともけっこうある。でも、自分にしかできないことは何だろうと、思っていたほうがいい。あなたというのは、この世にひとりしかいないんだから。他人ができることであれば、自分にもできる。そういう考え方も世の中にはあります。でも、他人にできるのだから、その人に任せればいいじゃないですか。

自分だからこそできることを探してみてほしい。それが自分の知識をきちんとまとめることにもつながるし、他人が考えたのではないことを、自分が考えることにもつながる。それを、ぜひ心がけてもらいたいと思います。

永田　裏返していえば、できることだけを目指すのではなく、できないことを恥と思わない姿勢も大切ですね。今の若い人たちを見ていると、できないことに対する不安がちょっと強すぎるかなという気がします。

山極　そうですね。人間の一番重要な能力は、諦めないということです。動物はできなかったら諦めちゃう。人間はしつこいんです。なかなか諦めない。失敗しても失敗しても諦めない。だから人間は空を飛べるようになったし、海中深く潜れるようになったし、様々な道具を発明して、人間の身体以上のことができるようになった。

遡ってみれば、これはたぶん火を使いはじめたことがきっかけなんです。火というのは人間の力をそのまま表す道具ではありませんから、そこである意味、人間の身体を超えたのでしょう。そうやって人間は自信を持ったんです。諦めなければ、いつかきっとできる。これは、われわれみんなが持っている能力なので、使わない手はありません。

ただし、塩梅というのも必要です。ずっと諦めないで何も成就しないまま人生を終わるということもあり得る（笑）。だから、どこかでちゃんと見極める必要があります。そのために、友達っているんですよ。「ちょっとおまえもういい加減にしとけよ」って言ってくれる友達が必要なんです。それはインターネットでは得られないでしょう。

■対談を終えて

対談をお願いしたなかで、山極さんだけは不思議なことにこれまでにお会いする機会がなかった。近くに居ながら、そして書かれたものなどは読んでいながら、直接お話しする機会がなかったのである。

対談までに一度はお会いしておきたいということで、京都大学へ向かった。初対面というのはいくばくか緊張するものであるが、総長室に顔を見せた山極さんは、ややあといかにも旧知の雰囲気である。一通りの打合せのあとは、雑談なのだが、どんどん話が弾む。大学の諸情勢から、現代学生気質、総長職の楽しみ方からゴリラの話まで、忙しいだろうから早く引き上げなければと思ったのだが、こちらもおもしろいものだから、ついつい引き込まれる。

途中からここで話してしまうのはあまりにもったいないと思えてき

て、この続きはぜひ対談でということにして引き上げたのだったが、磊《らい》落《らく》さのなかに、理学部の匂いがどんと押し寄せてきたのが、私にはなんとも心地良かったのである。自分の知識や考えを単に披露するというのではなく、相手の言葉に反応しつつ自分の考えを紡いでゆくという、まさに対話というものの知的興奮とでもいったものを久々に味わった気がした。帰り道で、同行した中島早紀さんが「先生、ほんとうに初めて会われたのですか?」といぶかっていたのがおもしろかった。

山極さんの学問は、大学という場のなかで、研究環境を与えられてなされたものではない。フィールドワーク。アフリカへ一人で出かけ、現地の人達を味方につけながら、研究環境自体をみずから構築しつつなされたのが、山極ゴリラ学である。山極さんの言葉のなかに、人との交渉術も学問のうちだという名言があったと思うが、そんな交渉の努力なくしては学問、研究自体が成り立たない環境のなかで仕事をしてきた人なのだとつくづく感じたのであった。それが山極さんの人間の大きさとなって今を作っているのに違いない。

山中伸弥（やまなか しんや）

1962年生まれ。大阪府東大阪市出身。iPS細胞研究所所長。2012年、ノーベル生理学・医学賞受賞。

羽生善治（はぶ よしはる）

1970年生まれ。埼玉県所沢市出身。将棋棋士。2008年、第66期名人戦で十九世名人の永世称号資格を得る。他に、永世王位、名誉王座、永世棋王、永世王将、永世棋聖の資格も保持。

是枝裕和（これえだ ひろかず）

1962年生まれ。東京都出身。映画監督。2004年、『誰も知らない』がカンヌ国際映画祭にて史上最年少の最優秀男優賞（柳楽優弥）受賞。13年、『そして父になる』でカンヌ国際映画祭審査員賞、18年『万引き家族』で同映画祭パルム・ドール受賞。

山極壽一（やまぎわ じゅいち）

1952年生まれ。東京都出身。京都大学総長。78年よりアフリカ各地でゴリラの野外研究に従事する日本の霊長類研究の第一人者。

永田和宏（ながた かずひろ）

1947年生まれ。滋賀県出身。71年京都大学理学部物理学科卒業、森永乳業中央研究所、米国国立癌研究所を経て、京都大学結核胸部疾患研究所教授、次いで再生医科学研究所教授。現在、京都産業大学タンパク質動態研究所所長。京都大学名誉教授。歌人として宮中歌会始選者、朝日歌壇選者もつとめる。著書に『タンパク質の一生』、『近代秀歌』（以上岩波新書）、『歌に私は泣くだらう』（新潮文庫）など、妻河野裕子との共著に『たとへば君』、『京都うた紀行』（以上文春文庫）など、歌集に『華氏』（雁書館）、『饗庭』（砂子屋書房）、『風位』（短歌研究社）、『夏・二〇一〇』（青磁社）など多数。

文春新書

1118

僕《ぼく》たちが何者《なにもの》でもなかった頃《ころ》の話《はなし》をしよう

2017年2月20日　第1刷発行
2022年6月25日　第11刷発行

著　者　山中伸弥　羽生善治
是枝裕和　山極壽一
永田和宏

発行者　大　松　芳　男

発行所　株式会社　文　藝　春　秋

〒102-8008　東京都千代田区紀尾井町3-23
電話（03）3265-1211（代表）

印刷所　理　想　社
付物印刷　大日本印刷
製本所　大　口　製　本

定価はカバーに表示してあります。
万一、落丁・乱丁の場合は小社製作部宛お送り下さい。
送料小社負担でお取替え致します。

ISBN978-4-16-661118-8